AFGEWEZEN

AFGEWEZEN
door velen
AANGENOMEN door de Vader

Kesia van Dam

PARTRIDGE

A Penguin Random House Company

To order additional copies of this book, contact
Toll Free 800 101 2657 (Singapore)
Toll Free 1 800 81 7340 (Malaysia)
orders.singapore@partridgepublishing.com

www.partridgepublishing.com/singapore

Inhoudsopgave

Voorwoord

Het schrijven van dit boek is een bijzonder proces geweest. Het begon met het beloven op een conferentie mijn getuigenis op te schrijven om anderen te bemoedigen. Toen ik 'ja' zei, had ik geen flauw idee wat God voor ogen had hiermee.

Voorheen zat mijn leven vol verwarring, angst en het onvermogen me goed te verbinden. Zelfs na jaren verschillende vormen van therapie gevolgd te hebben.

In 2004 ben ik naar een training geweest van ACCD (Association for Christian Character Development). Ik hoopte dat deze training meer licht op de situatie kon werpen. Dit was het begin van een lang leerproces.

God heeft er 10 jaar over gedaan om met mij dit proces te doorlopen. Ik kan niet anders zeggen dan dat Hij een zeer geduldige, liefdevolle Vader is. Ik wilde snel maar Hij had alle tijd. Ik was een keer zo gefrustreerd hierover dat ik vroeg: "Waarom gaat het zo langzaam?" Hij zei: "Omdat jij grof geweld gewend bent en Mijn liefde niet begrijpt! Ik doe de dingen anders dan dat je gewend bent!"

Ik moest God leren vertrouwen en Zijn woorden geloven. Geloven dat Hij echt om me gaf, en niet boos op me zou worden, me uit zou schelden of zat zou worden. Dat Hij werkelijk van me hield.

Jesaja 61 vers 7-8:

De smaad die je verdiende loon werd genoemd, je schande wordt je dubbel vergoed. Daarom erven zij dubbel van het land en is eeuwige vreugde hun deel. Want ik, de HEER, heb het recht lief,...

Dit is precies wat Hij ook voor mij heeft gedaan. Hij heeft mij uit mijn gevangenis gehaald en mij bevrijd van het juk van afwijzing, misbruik en mishandeling, en hij heeft me in de vrijheid van Zijn liefde gezet. Wat een wonder.

Deze bevrijding heeft geen betekenis als wij niet met Hem zijn in die overwinning. De Heilige Geest heeft mij geholpen mijn verwondingen en trauma's te overwinnen in mijn leven! Daarom kan ik de beker van het leven heffen en de naam van God (JHVH) prijzen.

Jesaja 43 vers 1-3:

Maar nu, zo zegt God (YHVH), uw Schepper, wees niet bevreesd, want Ik heb u verlost, Ik heb u bij uw naam geroepen, u bent van Mij.

Wanneer u zult gaan door het water, Ik zal bij u zijn, door rivieren, zij zullen u niet overspoelen.

Wanneer u door het vuur zult gaan, zult u niet verbranden, geen vlam zal u aansteken.

Want Ik ben YHVH, uw God, de Heilige van Israël, uw Heiland.

Dit is helemaal waarheid geworden in mijn leven. Ik ben zo dankbaar en zo blij dat ik Zijn geliefde kind mag zijn.

Dank

Ik dank mijn liefdevolle man, die zoveel geduld met me had en me vooral de ruimte heeft gegeven om deze wandeling te doen. Vaak ben ik erg onbereikbaar geweest voor hem en zijn liefde.

Ik dank mijn kinderen, die onder het juk hebben geleefd van een moeder die vaak depressief was, een slecht zelfbeeld had en het leven zeer moeizaam vond. Dankzij hen heb ik uit mijn 'cocon' moeten komen! Ze zijn een geweldig geschenk van God.

Ik dank mijn dierbare vrienden die wel in mij geloofden, en ondanks alles me trouw bleven terwijl ik hun liefde en waardering niet of nauwelijks ontvangen kon. In het bijzonder de familie M. die na meer dan 30 jaar trouwe vriendschap en lief en leed met me te hebben gedeeld nog steeds hele dierbare vrienden zijn!

Toen ik mijn verhaal klaar had, bleek dat ik zelf verantwoordelijk was voor het uitgeven ervan. Ik wilde niet zomaar een getuigenisboekje uitgeven over mijn leven, maar een dat echt tot eer en glorie van Mijn Hemelse Vader en Zijn Zoon zou zijn.

Ik ben geen geboren Nederlander dus vroeg ik aan een vriendin van mij om advies over het boekje te geven. Zij had een buurvrouw die ervaring had met het nakijken van boeken en zou haar vragen of zij zoiets zou zien zitten. Tot mijn grote verbazing vond ze het verhaal de moeite waard en wilde er wel naar kijken.

Mijn grote dank en bewondering gaat uit naar Manon Kerkveld die haar tijd, vaardigheid en energie wilde gebruiken om dit boek een goede kwaliteit te geven. Dit werd een hele bevalling voor haar en mijzelf. Een intensief proces met veel ups en downs.

Ik dank Mijn hemelse Vader voor mijn familie en de plek waar mijn wieg heeft gestaan. Door mijn familie ben ik de persoon geworden die ik nu ben. Zij zijn altijd een spiegel voor me geweest. De basis van mijn karakter is door hen gevormd.

Het is niet mijn bedoeling om met dit boek schuld te communiceren naar iemand. Wij maken allemaal fouten en schieten tekort. Uit loyaliteit naar mijn familie en anderen in dit verhaal wil ik hier graag de nadruk op leggen. Het is mijn verhaal en mijn beleving. Ik voelde me altijd de schuldige en gedroeg me ook zo, waardoor ik altijd bezig was mezelf te verdedigen. Ik ben gaan beseffen, dat pas als ik erken dat situaties door mezelf als pijnlijk zijn ervaren, ik vrij kan komen hiervan.

Bij de omslagfoto

In 2011 ben ik in Israël geweest bij een kunstenaar, Rick Wieneke. Hij heeft de 'fountain of tears' gemaakt (te zien op YouTube). Het laatste beeld (dat Jezus uit het graf komt met iemand tegen zijn borst aangedrukt met de leeggedronken beker van 'de gramschap' in de lucht geheven) heb ik voor mijn mans verjaardag laten maken in het klein. Dit vind ik zo'n mooi beeld, geen strijd is ooit voor niks en niets is zo zwaar of Jezus kan ons er doorheen helpen. Hij heeft de straf voor de zonde gedragen en neemt ons mee in Zijn overwinning. Dit beeld laat zien dat hoe afgewezen een mens ook is geweest in zijn leven, Jezus is het meest afgewezen en zelfs vermoord, omdat Hij tegen de heersende macht en autoriteit inging. Hij werd niet met open armen ontvangen omdat de mensen een andere beeld en idee hadden hoe de Messias eruit zou zien. Ze dachten dat Hij als koning zou komen maar Hij kwam als DE Profeet naar wie wij moeten luisteren en aan wie wij mogen gehoorzamen. Hij leefde de 'wet van Mozes' na en liet hiermee zien dat het houden van de Torah noch zwaar noch moeilijk is! Alle regels en wetten die we erbij verzonnen hebben, maken het zwaar. Hij laat ons ook niet als wezen achter, maar vult ons met Zijn Geest waardoor we de kracht krijgen om naar Zijn woord te wandelen. Jezus heeft ons de weg tot de Vader geopenbaard en ons vrij gemaakt. Wij mogen de Naam van de Vader heiligen en groot maken!

Hierbij wil ik in het bijzonder Nathanaël Damminga bedanken die bereid was om voor mij het beeld te verwerken in een mooie kaft! Dit heeft hij op voortreffelijk wijze gedaan. Gebruik makend van het beeld en een foto van een woestijn in Israël. Het is zo passend. Zoals een lied zegt: "De woestijn zal bloeien als een roos!" Ik zal eens bloeien als een roos in de handen van mijn hemelse Vader!

Achterin dit boekje zal ik de bronnen vermelden die mij hebben geholpen op mijn levens pad.

Kesia van Dam
januari 2015

Vriendschap!

Een tijdje geleden kreeg ik van Kesia een boekje over vriendschap. Zij had het boekje al jaren geleden voor mij gekocht, maar om een of andere reden was ze toen vergeten om het mij cadeau te doen. Nu had ze het plotseling in de boekenkast teruggevonden en gaf ze het mij voor mijn verjaardag. In het boekje had ze voorin geschreven dat we al een jaar of 15 een vriendschap hadden en dat we al veel met elkaar beleefd hadden.

We leerden elkaar in 1981 kennen toen onze oudste dochter werd geboren. Kesia was onze kraamverzorgster. We kwamen thuis uit het ziekenhuis, trotse ouders met hun eerstgeborene. Toen we de deur opendeden, kwam de geur van vers gezette koffie ons tegemoet. Dit zorgzame gebaar tekende de warmte en zorg waarmee Kesia ons die eerste dagen omringde. Ze was onmiskenbaar de deskundige als het aankwam op de zorg voor onze dochter. Daarnaast zag ze kans de huishouding en de was te verzorgen en heerlijk voor ons te koken. De kraamvisite werd eveneens vlot van een kop thee, beschuit met muisjes of een glas wijn met een kaasje voorzien (afhankelijk van het tijdstip).

Voor ons had de kraamtijd wel een maand mogen duren. Helaas moesten we na acht dagen zelf weer alle werkzaamheden verrichten. We voerden vele gesprekken met elkaar over onze jeugd, onze werkkring en over relaties tussen mensen. Ook na het kramen kwam Kesia vaak op bezoek.

Bij het feest dat Kesia voor haar verjaardag gaf, viel op dat er veel 'kraamouders' waren. Die hadden net als wij met Kesia een warme band opgebouwd tijdens de kraamtijd, waarin wij heerlijk verwend werden, en waarin Kesia zichzelf onbaatzuchtig wegcijferde.

Dat dit ten kostte van Kesia zelf ging, was ons duidelijk geworden toen zij een keer, in de kraamtijd van ons tweede kind, geheel overstuur raakte door een voorval waarbij haar geen verwijt kon worden gemaakt. Hierbij bleek dat zij zelf erg bang was, dat wij haar verwijten zouden maken.

"Kesia, dit is niet gezond; je moet meer voor je zelf leren opkomen." "Wat wil jezelf eigenlijk?" zeiden we tegen haar. Deze laatste vraag kon Kesia niet beantwoorden. Ze was zozeer bezig het anderen naar de zin te maken, dat ze vergeten was naar haar 'innerlijke stem' te luisteren. Deze was verstomd in het 'geweld' van een moeilijke jeugd en een leven dat niet altijd gemakkelijk was geweest.

Kesia verhuisde vervolgens van een klein dorp naar een grote stad. Ze bad: "Heer, ik heb zo mijn best gedaan, maar dat heeft mij tot nu toe niet geholpen. Ik doe het nu zonder u. U moet mij eerst maar een teken geven, mij laten zien dat U Echt Bestaat."

Een paar dagen later werd er aangebeld. Het was kerklid dat Kesia kwam uitnodigen voor een gesprekskring, als zij daar in geïnteresseerd was. De Heer liet Kesia niet los! Op die kring leerde ze haar man kennen. Ze trouwden en kregen samen twee kinderen.

Kesia ging in therapie en leerde, met vallen en opstaan, steeds meer zichzelf kennen. Daarbij is zij gegroeid in haar geloof en durft zij gaandeweg te vertrouwen dat God van haar houdt en dat Hij wil, dat zij zich ontplooit tot het prachtige warme mens die zij is.

Dit boekje is de getuigenis van haar levensreis. Wij hopen nog heel lang getuigen en reisgenoten te mogen zijn.

H.M.

HOOFDSTUK 1

Canada

Mijn leven is in Canada begonnen. Mijn ouders waren geëmigreerd in de hoop op een beter leven. Mijn vader had een slechte verstandhouding met zijn vader en wilde gewoon weg bij zijn ouders vandaan. Hoe verder weg hoe beter!

In die tijd was de emigratie naar het buitenland in opkomst en Canada werd nogal gepromoot. Mijn vader zag zijn kans schoon om het daar te gaan proberen. Mijn ouders waren verloofd maar mijn moeder mocht niet met hem mee van haar ouders. Blijkbaar weerhield dit mijn vader niet en hij vertrok in maart 1956.

De rest van mijn vaders familie leek dat emigreren ook wel wat. Mijn opa besloot zijn antiekzaak te verkopen en met zijn gezin achter mijn vader aan te gaan. Hij had gehoopt dat hij met 'vervroegd pensioen' zou kunnen. De kinderen waren nu oud genoeg om te werken en konden hun salaris, of in ieder geval een behoorlijk deel ervan, wel afdragen. Twee maanden nadat mijn vader was vertrokken, stond de hele familie bij hem op de stoep.

Mijn moeder is uit boosheid en frustratie een half jaar later naar Canada vertrokken toen ze 21 was geworden, in september 1956. Haar ouders konden haar niet meer tegen houden. De verstandhouding tussen mijn moeder en haar schoonfamilie was echter slecht en mijn moeder raakte overspannen.

Mijn ouders zijn toen op doktersadvies getrouwd en 10 maanden later is mijn zus geboren. Zij kwam een maand te laat. Mijn ouders hadden in de 8^e maand van de zwangerschap een ernstig auto-ongeluk gehad en vreesden voor haar leven. Een dronken automobilist botste frontaal tegen hen op. Het is werkelijk een wonder dat ze dit hebben overleefd. De arts was ervan overtuigd dat de baby dood was, maar ze kwam gelukkig gezond ter wereld.

Langzamerhand kreeg mijn moeder heimwee en ze miste haar familie. Ze had spijt van haar manier van vertrekken. Ze leed hier dusdanig onder dat de arts haar adviseerde om, zelfs in de 7^e maand van haar tweede zwangerschap, nog naar Nederland te gaan om het goed te maken. Ze is toen alleen met mijn zus, voor 3 weken, naar Nederland gevlogen. Voor het eerst met het vliegtuig, want op de heenreis naar Canada was ze met de boot gegaan.

Twee maanden later ben ik geboren. Mijn moeder schaamde zich voor mij, want ik had verkeerd in de baringskanaal gezeten en zag er scheef en verdrongen uit. Ze had ook gehoopt op een jongen en was teleurgesteld dat ik nog een meisje was. In Canada beviel je toen onder lichte narcose en zonder de man erbij. Dus het duurde een poosje voordat ze de baby te zien kreeg en ook had ze geen steun aan mijn vader hierdoor. En omdat ze de taal nog niet goed beheerste, was ze overgeleverd aan vreemden die ze nauwelijks verstond. Dit maakte alles voor haar extra moeilijk. Ze geloofde ook niet dat mijn gezicht bij zou trekken. De eerste 6 weken werden er daarom geen foto's gemaakt. Daarna begon het wat bij te trekken en legde ze me zo neer dat het niet zo opviel.

Uiteindelijk is Canada erg tegen gevallen allemaal. Het werd niet het makkelijkere leven waarop de familie gehoopt had. Banen lagen niet voor het oprapen en niemand had een fatsoenlijk diploma waarmee gezwaaid kon worden. Mijn oma ging werken als conciërge om de eindjes aan elkaar te knopen. Mijn opa kreeg na de emigratie al vrij snel prostaatkanker en was tot weinig in staat. Volgens mij heeft hij in Canada nooit gewerkt. Hij heeft ook nooit Engels geleerd. Hij stierf toen ik 11 was.

Ik herinner mij die opa alleen als een oude man die je niet kon verstaan, hij pruimde tabak en at vies uitziend zwart brood (roggebrood). Ik was heel erg bang voor deze man. Mijn moeder vertelde dat ik niet eens naar de wc durfde toen ik zindelijk was, omdat opa en oma vlakbij de wc woonden in ons huis. Niets in die man straalde genegenheid uit. Zelfs met het speelgoed dat ze in huis hadden, mocht je niet spelen. Ik moest gewoon stil op de bank zitten.

Schooltijd

Ik heb niet op de kleuterschool gezeten en ben gelijk in de eerste klas begonnen op een kleine school. Dit was een soort 'kleine-huis-op-de-prairie' school. Hier zat ik met mijn oudere zus in dezelfde klas en ik ervoer haar als een klikspaan omdat ze thuis doorvertelde dat ik op school straf had gehad, waardoor ik thuis nogmaals straf kreeg. Zij was thuis en op school 'het geliefde kind' en ik niet. Als ik de verhalen moet geloven was ik een lastpost.

Het was toen gebruikelijk op school om als straf met een puntmuts met 'daunce' erop, wat 'dom' betekent, voor in de klas te moeten zitten. Of je moest in de hoek staan met je gezicht tegen de muur. Het was ook niet vreemd om met een liniaal op je handen geslagen te worden. Ik kan me een keer herinneren dat mij dit is overkomen. De juf sloeg met de liniaal op mijn handen en ik keek haar recht in het gezicht en ik dacht: "Als je me hiermee denkt te pakken?" Ik weet dat ze zo boos op me werd, dat ik met mijn hoofd op de tafel moest blijven zitten terwijl iedereen ging staan voor het volkslied.

Ook kan ik me herinneren dat ik die puntmuts op hebt gehad.

Op scholen werd ik veel geplaagd en ik werd verstoten door iedereen. Ik was vergif en niemand wilde bij mij in de buurt komen of zijn. Als ik een keer een vriendin had werd ik door die persoon vaak belachelijk gemaakt. Ik was zeer manipuleerbaar en ik deed, denk ik, alles om de vriendschap te houden. Dit lukte niet omdat we te vaak verhuisden.

Hier kon ik heel slecht tegen en was dan ook altijd ziek tijdens de verhuizingen.

Mijn ouders hadden het financieel meestal erg zwaar en het was lastig om een baan te behouden. Mijn vader deed erg zijn best om goed voor ons allemaal te zorgen. Op een gegeven moment had hij zelfs 2 banen en sliep tussendoor 4 uur.

Als ik een keer ziek was, lag ik alleen thuis; mijn ouders moesten dan werken, en de andere kinderen zaten op school.

Ik heb in Canada maar kort op de middelbare school gezeten. Ik was daar erg bang, vooral voor drugs en de jongens. Ik was namelijk een keer door twee jongens van de middelbare school tegengehouden toen ik van de 6e klas (nu groep 8) naar huis liep. Ik moest met ze dansen. Ik wilde niet en zei 'nee'. Hier namen ze geen genoegen mee en ze bleven aandringen. Mijn geluk was dat zij op de stoep liepen en ik op een heuveltje. Ik zag de ene jongen een mes pakken en dat gooide hij naar me. Ik sprong in de lucht en rende weg en toen ik omkeek, zag ik het mes in het gras terecht komen. Met de punt in de grond. Die was anders waarschijnlijk in mijn been gekomen.

Het gebeurde net voor onze flat dus rende ik naar de hoofdingang en ramde op de deur want mijn ouders waren toevallig in die gang. "Waar is al die herrie voor?", vroeg mijn vader geïrriteerd. Helemaal buiten adem vertelde ik het verhaal en wees naar de jongens. "Oh", zei mijn vader, "dat is voor later een zorg. We moeten nu eerst deze lamp vervangen en dat lukt ons niet. Past jouw arm erin? Waarschijnlijk niet. Dan zal het jouw broer wel lukken want die heeft dunnere armen." Inderdaad was mijn arm te dik en lukte het mijn broertje wel. Mijn ouders zijn nooit op het incident met de jongens teruggekomen, maar ik kreeg hierdoor dus grote angst voor de 'highschool'. Ook vanwege films, die ze op school lieten zien, over drugs en dat ze die stiekem in je drinken deden, waardoor je verslaafd werd.

Thuis

Naar mijn idee kon ik het voor niemand goed doen. Mijn moeder dreigde vaak met straf: "Wacht maar tot papa thuis komt." Daardoor was ik bang voor mijn vader. Ik verstopte me geregeld in de kast om straf te ontlopen. Soms werkte dit. Ik kroop dan zachtjes weer tevoorschijn in de hoop niet opgemerkt te worden.

Ik ervoer geen veiligheid of bescherming. Niemand kwam voor me op als ik erg geplaagd werd en aan onveilige situaties werd niets gedaan, er werd nauwelijks op gereageerd.

Er was geen plaats voor gevoelens en emoties. Je moest je vooral koest houden. Er was geen ruimte voor een 'nee'. Ook naar mijn 1½ jaar oudere zus moest ik luisteren. In mijn pubertijd begon ik me hier wat tegen te verzetten. Ik paste tenslotte zelf ook al op kindjes van andere mensen, dus waarom moest zij altijd de baas zijn? Dit gaf nogal heftige ruzies tussen mijn zus en mij. Daar heb ik nu wel spijt van, zij kon er tenslotte ook niets aan doen dat het zo was.

Mijn zus had een rijk voorstellingsvermogen en het uitvoerende werk, waar straf op zou komen, mocht ik doen. 'Dom' als ik was had ik dit meestal niet door. Ik was allang blij met een speelkameraad. Toch heb ik ook leuke herinneringen aan mijn zus, vooral als we allebei in de flat aan het oppassen waren. Dan belde we elkaar op en keken we naar dezelfde film. Als het voor mij te spannend werd dan klikte ik het weg en bleef zij kijken. Ze vertelde dan wat er gebeurde en als het enge stuk voorbij was, keek ik weer. Zo waren er tussen ons ook leuke momenten die ik koester.

Ik heb nog een jongere broer en een zusje. Door de komst van mijn broer ging een grote wens van mijn moeder in vervulling. Hij was alles voor haar. Dit werd versterkt doordat hij klein en zwak was. Bij de bevalling waren ze beiden bijna gestorven. Alle aandacht ging naar hem toe (wat op zich logisch is). Op zich kon ik wel goed met hem opschieten, maar als hij iets verkeerds deed en ik was erbij, kreeg ik straf want ik had beter moeten opletten.

Op mijn jongste zusje was ik erg gesteld en ik trok altijd met haar op, maar ook dit viel niet altijd in goede aarde bij mijn moeder. Wat mijn ouders betreft kon ik gewoon niets goed doen. Waarschijnlijk was alles hen teveel. En dat wreekte zich op degene die hen het meeste irriteerde en dat was ik toevallig. Mijn zus wist feilloos straf te vermijden maar zo 'slim' was ik niet. Zij wist blijkbaar hoe het systeem werkte, maar ik was me daar niet bewust van.

Ik begon te liegen om straf te ontlopen. Ik voelde me totaal verworpen, afgekeurd en afgewezen. Ik voelde me teveel en ongewild!

Het beeld dat ik van mezelf had, was dat ik een rotkind was dat altijd vervelend was en dat nooit normaal kon doen. Dom en kinderachtig was ik. Er was met mij blijkbaar niets te beginnen. Dit heb ik ook een keer letterlijk gelezen in een brief die mijn moeder naar haar ouders in Nederland had gestuurd. Deze brief kreeg ik toevallig een keer te zien, nadat mijn (Nederlandse) opa overleden was. Mijn oma kwam namelijk toen bij ons wonen en daardoor ook al de brieven die mijn moeder door de jaren heen aan hun had geschreven.

God laat zich zien

Op een dag, ik was denk ik een jaar of 12, moest ik bij iemand zijn in de flat. Mijn ouders waren toen conciërge van een flat en blijkbaar moest ik iets voor hen doen. De man waar ik moest zijn, had een prachtig klein boekje naast zijn telefoon liggen. Het was een heel mooi boekje. De buitenkant leek op gobelin. Opeens zei hij: "Vind je dat zo mooi?" Ja, erg mooi! "Dan mag jij het hebben", zei hij. Ik kon het niet geloven. Thuis ging ik de inloopkast in om me te verstoppen en begon in het boekje lezen. Het was het Nieuwe Testament. Het eerste dat ik las was: *And the angel said unto them, BE NOT AFRAID; for behold, I bring you good tidings of great joy which shall be to all the people: for there is born to you this day in the city of David a Savior, who is Jesus (Yeshua) the Messiah. (Lucas 2:1-21)*

Dit maakte me blij, ook al begreep ik het helemaal niet toen.

Deze tekst zou een rode draad door mijn leven worden, maar dat besef ik nu pas tijdens dit schrijven. God heeft me zien staan daar waar niemand anders het met mij zag zitten.

We waren wel christelijk opgevoed en gingen elke zondag naar de kerk, maar het was een geloof gebaseerd op religie en regeltjes, niet op een persoonlijke relatie met God. Ik kan me vaag tekeningen herinneren van Jezus met kinderen om hem heen, en dat ik geboeid was door deze man. Hij leek heel lief te zijn tegen de kinderen. Zo anders dan ik gewend was. Net als bij dat boekje (bijbeltje) kon ik er met stille bewondering naar kijken.

Het enige wat ik me kan herinneren van de kerk is, dat ik stil moest zitten. Als me dat niet lukte, moest ik thuis nog eens een uur stilzitten. Als dat ook niet lukte, moest ik 's avonds weer mee naar de kerk en dan was het een Nederlandse dienst waar ik niets van verstond.

H O O F D S T U K   2

Naar Nederland

In januari 1973 emigreerden we naar Nederland.
Ik was toen 13½ jaar. Het vertrek naar Nederland
gebeurde in het grootste geheim, omdat mijn
ouders nog een schuld hadden bij de bank.

De dag voordat we vertrokken is er voor ons een
afscheidsfeest gehouden bij vrienden van mijn
ouders. Tijdens dit feest heeft mijn 'onechte'
opa - mijn vaders moeder was inmiddels
hertrouwd - me klem gezet in een hoekje en
heeft me met kracht en geweld een tongzoen
afgedwongen. Niemand heeft het gezien want
het leek, denk ik, op stoeien omdat hij achter
me aan rende. We kwamen in een donker
gangetje terecht waarvan de deur naar je toe
open ging. Ik kon geen kant meer op. Hoe dit
afliep kan ik me niet herinneren, behalve dat hij
enorm sterk was. Details van dit soort angstige
gebeurtenissen ontbreken mij volledig over mijn
hele leven.

Ik had blijkbaar al heel jong een 'niemandsland' gecreëerd in mijzelf, terwijl ik dat niet door had. Als ik erg geslagen werd dan vluchtte ik daar blijkbaar naar toe. Ik heb hierdoor geen herinnering aan situaties die pijnlijk, moeilijk of angstig voor me waren.

Ik ben bijvoorbeeld in Canada veel met een dikke riem geslagen (waar scheermessen mee geslepen werden in die tijd) door mijn vader. Ik moest dan mijn broek naar beneden doen en ik mocht ook niet de handen voor mijn billen houden ter bescherming. Ik weet dat het is gebeurd, omdat ik me het kan herinneren totdat ik geslagen werd. Hoe ik me daarna voelde, weet ik niet meer. Op één keer na, toen mijn vader de riem niet kon vinden, hij sloeg me toen met zijn schoen en de schoenafdruk was de volgende dag op mijn bil te zien. Hij was ziedend dat de riem weg was en zei dat ik het gedaan had omdat ik er altijd mee geslagen werd.

'People pleaser'

In het vliegtuig nam ik een besluit dat mijn leven totaal zou veranderen, maar mijzelf ook nog meer klem zou zetten. In Nederland kende niemand mij, dus ik gooide, als het ware, mezelf in de diepste van de zee. Toen we in Nederland aankwamen, wilde ik bewijzen dat ik ook een lief meisje kon zijn. Hierdoor ben ik een 'people pleaser' geworden. Ik deed altijd wat de ander wilde dat ik deed en ik was volledig op de ander gericht. Als ik merkte dat iemand het moeilijk had, of als ik dacht dat door mijn toedoen iets niet goed was gegaan, was dat onverdraaglijk. (Ik weet nu dat ik per definitie dacht dat alles wat niet goed was mijn schuld was!)

Ik besloot te kiezen voor wat anderen kozen of wilden. Dus dronken ze bijvoorbeeld koffie dan dronk ik koffie, dronken ze thee dan dronk ik thee. Dronken ze een glaasje wijn, dan dronk ik dat ook. Alles om maar niet moeilijk te zijn of het anderen lastig te maken. Maar soms liep ik vast, omdat mensen wilden weten wat ik echt wilde. Dan raakte ik in paniek van binnen en kon mezelf lopen verwijten dat ik niet wist wat ze nuttigden. Ik koos dan voor wat 'gebruikelijk' was, bijvoorbeeld 's morgens koffie en 's middags thee, in de hoop dat ik het goed had. Als het dan toch anders was, kon ik daar lang last van hebben. Ik strafte mezelf ook door me van alles te ontzeggen, met name voedsel en slaap.

Ik mocht niet door de mand vallen, niemand mocht merken dat ik niet een leuk en lief iemand was. Dus had ik een manier gevonden om me staande te houden, door na-aap-gedrag te vertonen. Ik bestudeerde het gedrag van anderen op wat 'goed' gevonden werd en dat deed ik na. Dit ging meestal onbewust, een automatisme haast.

Thuis en op school

We woonden het eerste half jaar bij mijn grootouders in, totdat we een woning toegewezen zouden krijgen. Ik was nu een verlegen teruggetrokken meisje dat erg op zichzelf was. Ik was erg gehoorzaam en deed zoveel mogelijk wat iedereen wilde. Ik sprak bijna nooit tegen, deed zoveel mogelijk wat me werd opgedragen en viel zo min mogelijk op. Wat positief was, was dat mensen eindelijk lief tegen me deden en daardoor leek het of ze me mochten.

Met mijn moeders vader had ik een aparte band. Ik vond het heerlijk om bij hem te zijn en gewoon naast hem te zitten. Ik verstond hem niet en hij mij niet maar dat maakte blijkbaar niets uit. Hij noemde mij 'mien derne'. Zo had nog nooit iemand mij genoemd!

Ik genoot ervan om naast hem te zitten om bijvoorbeeld, 'Toppop' kijken. Niet vanwege het programma maar puur om bij hem te zijn. (Achteraf kan ik zeggen dat God hem gebruikte om Zijn liefde voor mij te laten merken.)

Helaas stierf hij al na 5 jaar. Ik was totaal verslagen en overstuur, al liet ik dit aan niemand zien. Alleen 's nachts in mijn bed onder de dekens huilde ik. Blijkbaar heb ik dit wel als traumatisch ervaren want gelijk hierna is mijn ongesteldheid een half jaar weggebleven wat medisch niet te verklaren viel.

Het inburgeren in Nederland was niet makkelijk. De taal vond ik erg moeilijk. Ik werd op de nijverheidsschool, een meidenschool, geplaatst omdat ik niet goed kon leren. Hier werd ik op den duur gezien als 'spelbreker' en 'het lieverdje van de docenten', omdat ik altijd gehoorzaam was en niet met hun grappen meedeed. Ik was namelijk bang voor straf geworden. Dit maakte me onder klasgenoten niet geliefd.

Op deze school had ik een keer een 'vriendin' die me gebruikte voor haar fantasieën zelfs tot seksuele betastingen aan toe. Haar vader was zo blij dat ik bevriend met haar was, dat ik de vriendschap niet durfde te verbreken of te laten blijken dat ik het niet altijd leuk vond. Ik was allang blij ook dat iemand 'vrienden' met me wilde zijn. Zij liet mij van de ene dag op de andere in de steek toen ze verkering kreeg. Ik paste niet meer in haar leven, schreef ze.

In de pubertijd heb ik ook erg geworsteld met eten, al was ik me daar niet bewust van. Ik heb de neiging tot anorexia gehad maar sloeg daar gelukkig niet in door. Ik denk omdat het teveel aandacht zou trekken, waar ik absoluut niet mee overweg kon.

Toen we eenmaal een woning hadden, hadden we het beter moeten krijgen maar niets was minder waar. Mijn broer werd onhandelbaar en hij manipuleerde vooral mijn moeder. Zij was emotioneel te sterk met hem verbonden. Het was een ongezonde relatie.

Mijn zus en ik sliepen op de zelfde kamer. Zij bepaalde de kleur en wat erin kwam. Ook hier had ik niets in te brengen voor mijn gevoel. Op haar 17e deed ze een poging tot zelfmoord voor mijn ogen. Mijn ouders waren op dat moment niet thuis. Ik heb hulp ingeroepen van een oom die schuin tegenover ons woonde en waar mijn zus een goede relatie mee had. Gelukkig is dit wel goed afgelopen al moest ze daarna wel op kamers van de psychiater. Hieruit blijkt dat we allemaal last hadden van de situatie waar we in zaten.

Eigenlijk werden we aan ons lot overgelaten. Mijn ouders waren te druk met overleven om zich staande te houden en hadden daardoor geen energie noch het vermogen om ook nog goed voor ons te zorgen. Dit begrijp ik nu.

Ik ontvluchtte de ellende van het ouderlijk huis en zocht naar een plek waar ik gewaardeerd werd en hopelijk wat veiligheid zou ervaren. Ik hoopte veiligheid te vinden binnen de 4 muren van andere gezinnen, om daar iets te kunnen betekenen en om liefde en waardering te vinden. Niets bleek minder waar te zijn.

Er moest toch echt iets mis met me zijn

Ik kwam bij mensen thuis die ik kende van de tienerclub van de kerk. Ik paste op de kinderen en hielp in het huishouden. Eerst leek het allemaal erg leuk en leken deze mensen er echt voor me te zijn. Maar ook hier werd ik gemanipuleerd en misbruikt (mentaal en fysiek).

Achteraf zie ik dat, bij deze familie in het bijzonder, ik gebruikt werd door de vrouw als een pion die ingezet werd tegen haar eigen angsten. Ik probeerde haar een keer te vertellen dat ik niet alleen met haar man wilde zijn omdat ik bang voor hem was. Ze reageerde er amper op en deed er ook niets mee. Omdat ik dit niet begreep, heb ik er nooit meer over gesproken, ik dacht dat het aan mij lag wat er gebeurde. Ik zal wel iets niet goed doen of niet begrijpen. Het zal wel aan mij liggen en mijn eigen schuld zijn!

Zij won mijn vertrouwen doordat ze lief deed tegen me en ze vertrouwde haar kinderen aan me toe. Later hielp ze mij om mijn mondelinge examens te halen in de kraamopleiding. Want ik kon niet goed praten omdat ik angstig was en me schaamde. Ik kon me niet goed uiten of de dingen verwoorden. Op die manier leek ze er voor me te zijn en daardoor geloofde ik steeds meer dat ik de schuldige was in deze bedreigende situaties.

Zij bleef tegen me zeggen dat er niets aan de hand was. Ze gaf me vooral het gevoel dat ik me aanstelde en dat het normaal was om bij hun op de kamer te slapen. Ze hadden daar een bed voor mij staan en als zij er niet was, sliep ik bij hun in bed naast haar man. Het bed was immers groot genoeg en het was zoveel werk om telkens een extra bed op te maken, dit was net zo makkelijk. Als ik aanbood om anders zelf het logeerbed op te maken, dan was dat niet nodig, omslachtig en onhandig. Dus geloofde ik dat *ik* lastig en vervelend was. (Achteraf is dit vreemd, want ze hadden een zolder waar ik prima had kunnen slapen. Het was een groot huis.)

Zo heeft ze mij op slimme wijze telkens in situaties gedwongen waarin ik emotioneel geen kant op kon. Ik had ook geen referentiekaders van wat 'normaal' was. Ik geloofde dat ik onder alle omstandigheden naar mensen moest luisteren, omdat zij het het beste wisten en met me voor hadden. Als ik ergens wat van probeerde te zeggen omdat het niet goed voelde, dan had ik het nooit goed begrepen. Dat was thuis zo en hier dus ook!

Een keer toen ik weer bij hem in hun bed moest liggen, bad ik: "Heer dit moet stoppen maar ik weet niet hoe ik dat moet doen. Dus één van twee moet dood. Hij of ik. Laat ik het maar zijn want hij heeft een gezin en ik heb niemand!"

Twee maanden hierna is hij overleden. Ik was er behoorlijk door van slag maar ik kon het nergens kwijt. Ik moest er voor de vrouw en de kinderen zijn, en niemand wist van dat gebed. De relatie tussen haar en mij werd hierna heel slecht. Achteraf zie ik dat ze iets verzon om van me af te komen. Ineens ging ze heel anders met me om en ze begon me van alles kwalijk te nemen. Weer kon ik niets goed doen. Een bevriend echtpaar, van haar en van mij, geloofde haar verhaal en koos haar kant. Dit brak me.

Hierna is ook mijn depressie begonnen besef ik nu. Tot dan toe geloofde ik dat er nog een kentering in mijn leven kon komen. Nu was ik er niet zo zeker meer van.

HOOFDSTUK 3

Op eigen benen

Hier in Nederland heeft mijn moeder een zelfmoordpoging gedaan. Volgens mijn zus ook in Canada, maar dat weet ik niet. Mijn vader had een briefje op mijn fiets gehangen dat ik zo snel mogelijk thuis moest komen. Toen ik thuis kwam, vertelde mijn vader wat er aan de hand was en ik vroeg: "Heb je de arts al gebeld?" "Nee," zei mijn vader, "want zij wil dat niet." Ik werd kwaad en belde de arts zelf op. Toen die er was, ben ik weggegaan. Hierna heeft ze het gelukkig nooit meer gedaan.

Mijn ouders hadden een haat-liefdeverhouding met elkaar en vaak kwam mijn vader bij mij om over mijn moeder te klagen, toen ik eenmaal uit huis was. Ook over het feit dat zij zelden met hem wilde vrijen. Hier had hij het erg moeilijk mee. Ik voelde me wel 'speciaal' dat mijn vader me zo in vertrouwen nam maar zie nu in dat het niet erg gezond is.

Door deze verstandhouding met mijn moeder en het overlijden van zijn broer op 49-jarige leeftijd is mijn vader alcoholist geworden. Wij waren toen, op mijn zusje na, allemaal al het huis uit. Drinken heeft hij altijd wel veel gedaan maar nu dronk hij de hele dag door, zij het wel stiekem.

Mijn broer heeft vanaf zijn 12^e in internaten gezeten en daarna, op z'n 18^e, is hij naar het buitenland verdwenen. Ik denk dat mijn moeder erg teleurgesteld was in het leven, in mijn vader en in haar familie. Ze dacht helemaal verwelkomd te worden toen we terugkwamen en had verwacht dat het net zo zou zijn als vroeger en tijdens de vakanties in Nederland. Maar iedereen had zo zijn eigen leven en de familie bemoeide zich niet veel met haar en ons. Behalve een broer van mijn moeder waar mijn zus veel kwam en ik soms ook. Zij heeft uiteindelijk tot hun dood voor haar ouders gezorgd. Waarschijnlijk heeft zij zich hierin ook alleen gelaten gevoeld maar ze communiceerde dat nooit. Ze werd alleen steeds mopperiger en niemand kon iets goed doen. In je gezicht deed ze poeslief en aardig, maar zodra je weg was ging ze mopperen en klagen. Bij mij mopperde ze over de anderen en tegen de anderen over mij. Dit heeft binnen ons gezin denk ik veel kwaad bloed gezet.

Voor de buitenwereld leken wij het perfecte gezin en ik hoorde regelmatig hoe geweldig mijn ouders waren. Maar niemand wist hoe het werkelijk zat. Het mooie leven dat we hoopten hier te vinden bleek een luchtkasteel.

Op mijn 17^e ging ik een opleiding volgen waarbij ik intern moest. Hierdoor was ik alleen in de weekenden en vakanties nog thuis. Op mijn 19^e ging ik op kamers wonen. Mijn oma woonde toen bij ons in omdat ze aan het dementeren was. Mijn moeder had beloofd aan mijn opa om voor haar te zorgen wanneer hij kwam te overlijden. Ze sliep bij mij op de kamer en dit ging niet samen met mijn werk als kraamverzorgster. Dus ging ik het huis uit.

Seksualiteit

Ik had ooit gezworen tegen mezelf: "Iedereen neemt alles van mij, dat laatste zullen ze nooit krijgen." Ik werd wel seksueel misbruikt maar het heeft nooit tot penetratie kunnen komen omdat ik daar te verkrampt voor was. Ik had blijkbaar het geluk dat de mannen dit niet forceerden. Maar de rest werd allemaal wel afgedwongen. (Het heeft heel lang geduurd dan ook voordat ik kon erkennen dat het misbruik was.) Een oom heeft me in het begin toen ik op kamers zat wel eens opgezocht en ik dacht eindelijk een beetje genegenheid en waardering van hem te ontvangen maar uiteindelijk heeft ook hij lichamelijk misbruik van me gemaakt. Ik was totaal verslagen. Daarna heb ik hem bij mij thuis nooit meer gezien.

Ik was zelf altijd passief en bad: "Heer laat dit stoppen!" Ik begreep ook nooit hoe het kwam en dacht altijd dat het mijn schuld zou zijn. Dat ik het op de een of ander manier wel uitgelokt zou hebben. Het waren altijd bekenden die zogenaamd het beste met me voor hadden.

Soms vroegen mannen ronduit of ze met me naar bed mochten en dan durfde ik wel 'nee' te zeggen. Ik begon te denken dat het op mijn voorhoofd geschreven stond, dat ik makkelijk te misbruiken was, of in te zetten waar ze mij maar voor wilden: in de huishouding, voor oppassen, tegen hun eigen angsten, enzovoort. Ik had het gevoel dat ik alleen nog maar een 'gebruiksvoorwerp' was. Ik was alleen leuk als anderen iets aan me hadden!

Volwassen

Toen ik 21 werd, leek het of ik ineens van alles zelf moest weten: wat ik wilde, en wat ik vond. Ik raakte hier erg door verward en ik wist niet wat ik moest doen.

Ik kon niet tegen aandacht en probeerde die zoveel mogelijk te vermijden. Langs mensen lopen om naar de wc te gaan bijvoorbeeld, durfde ik niet. Uiteindelijk ging ik bij iedereen 'helpen' want dan was ik bezig en hoefde ik het me niet zo druk te maken over hoe ik me moest gedragen of wat ik moest zeggen of vragen. Omdat ik een slecht zelfbeeld had en dacht dat ik dom was, was ik bang dat ik dan door de mand zou vallen waardoor mensen me niet meer zouden willen. Als ik zou helpen met van alles en nog wat dan waren gesprekken kort en werd je in ieder geval een beetje gewaardeerd. Het hielp mij niet in mijn zelfbeeld, maar maakte me in ieder geval nuttig!

Ik raakte hoe langer hoe meer verstrikt in krampachtig gedrag. Ik maakte anderen blij en daarmee gaf ik mezelf toestemming om er te mogen zijn. Alles werd voor de ander gedaan.

Verborgen angst

Als kraamverzorgster functioneerde ik ogenschijnlijk goed. Ik was erg goed in het mensen naar de zin te maken en een luisterend oor voor ze te zijn. Hier genoot ik ook wel van! Maar als er dingen mis gingen, raakte ik helemaal in paniek en verward.

Een stel ouders uit een kraamgezin waar ik gewerkt had en met wie ik vrienden was geworden, had door dat mijn gedrag niet altijd inherent was aan de situaties. Zij waren de eersten die mij zagen staan als persoon.

Zij hebben er voor gezorgd dat ik in therapie ging. Ik voelde me echter niet veilig bij de therapie die ik kreeg en ik begreep er ook weinig van. Het was een soort alternatieve therapeutische boerderij. De therapeut werkte op macrobiotische wijze. Qua eten prima maar ze had vreemde (vind ik nu) ideeën over therapie en vasten en hoe je je moest uiten. Soms waren mensen gewelddadig in de groepssessies, bijvoorbeeld iemand hakte een deur met een bijl aan gort, wat denkbeeldig diens vader was. Hier kon ik helemaal niet tegen. Ik raakte hier eigenlijk alleen gespletener van.

Ik werd eigenlijk in mijn gewone patronen gelaten. Ook hier moest ik luisteren naar de therapeut en doen wat zij vond. Ik leerde nog niet wie ik was en wat goed voor mij zou zijn. Ik probeerde het uit angst wel heel erg goed te doen, maar het lukte me niet. Ik was bang dat zij mij weg zou sturen of me uit zou schelden. Maar ik kon helemaal niet overweg met die uitingsvormen in de therapie, maar dacht dat het aan mij lag en dat ik het wel zou moeten kunnen. De therapeute had een vorm bedacht die moest werken, maar er werd niet gekeken naar jou als persoon en wat je nodig had.

Het lukte me dus niet om te doen wat de therapeute zei. Ik was geprogrammeerd om te denken dat alles mijn schuld was en zat vast in dit denkpatroon en erkende mijn eigen angsten niet. Die mocht ik niet voelen. Deze therapie sloeg dus niet aan. Het maakte me alleen maar banger.

Genade door liefde

Het verlangen om dood te willen zijn groeide, al vocht ik hier wel tegen. Want ik had mezelf gezworen dat ik niet wilde zijn zoals mijn ouders en dat ik een ander leven wilde hebben. Alleen, hoe moest dat?

Zowel door mijn psychische problemen, als door een whiplash die ik bij een auto-ongeluk had opgelopen, was ik inmiddels afgekeurd voor mijn werk. Ik heb nog de A-verpleging geprobeerd maar het idee alleen al dat ik mannen zou moeten wassen, was ondragelijk voor me.

Uiteindelijk kwam uit dat ik het in deze therapie niet kon uithouden en mijn vrienden zochten nieuwe therapie voor mij. Het werd een dagbehandeling. Ik ben God ongelooflijk dankbaar dat hij deze mensen op mijn pad heeft gebracht. Zij hebben mijn leven gered!

Ongelukken

Ik heb tussen mijn 19ᵉ en 27e vele auto-ongelukken gehad. Ik voelde altijd van te voren aan dat ze zouden gebeuren. Hierdoor reageerde ik nooit paniekerig. Ik was dan absurd kalm en kon me totaal overgeven aan de situatie. Ik bedacht wat ik moest doen en bleef kalm, het raakte me emotioneel nooit. Ze waren niet altijd mijn schuld, maar ik nam altijd de schuld op me. Dus financieel droeg ik ook de schuld.

De eerste keer heb ik op de kop in de sloot gezeten. De voorruit was in het weiland beland en de zijramen waren gesneuveld. Ik had een paar salto's gemaakt met de auto. Ik raapte mijn zooi bij elkaar, klom eruit en zei tegen iemand die kwam helpen: "Volgens mij droom ik." "Nee hoor", zei hij, "echt niet." Ik ben gewoon op mijn werk afgezet en heb gewoon gewerkt. De mensen geloofden eerst niet dat ik een ongeluk had gehad en maakten een grapje erover. Totdat ik hen de vlekken in mijn kleren liet zien en de schrammen die ik had. De man in dat gezin trok helemaal wit weg. De begeleidster van mijn werk was de auto onderweg tegen gekomen en vertelde dat iemand 's morgens een ongeluk had gehad, want er lag een auto op de kop in de sloot. "Ja, die is van mij", zei ik. "Ja hoor, grappig", zij ze. "Nee hoor, echt waar, het is mijn auto." Ik was zo kalm dat ze mij niet geloofden.

Een ander ernstig ongeluk was op een 'dodemanskruising'. Ik kwam net terug van een paragnost en voelde me daardoor niet erg lekker. Ik was al wezen koffie drinken in de hoop dat het wat zou afzakken. Maar dat hielp niet echt. Ik dacht: "Ja ik moet toch verder." Bij deze kruising trok de auto voor mij op en ik volgde hem gewoon. Toen ik keek, zag ik dat ik niet had mogen optrekken. Er kwam namelijk een auto aan van links die voorrang had. Ik trok aan het stuur. De andere man had al aardig vaart en ik zag zijn gezicht betrekken en het leek of hij de stuur krom duwde (dit bleek ook zo te zijn). De auto ramde mijn voorwiel. Ik werd er blijkbaar via het portier eruit gegooid, al snap ik niet hoe het kan en vloog als superman over de weg met mijn armen vooruit. Ik werd letterlijk 'neergezet'. Ik had lichte kleren aan en alleen op 1 drukker was er een klein beetje verf af, verder was aan mijn kleren niets te zien. Ik had wel glas in mijn oorranden en in mijn pols. Mensen probeerde me van de weg af te krijgen omdat ik bloedde, maar ik zei dat ik eerst mijn troep moest opruimen. Ik kan me alles tot in details herinneren van het ongeluk. Hoe mijn auto eruit zag toen ik langs vloog, hoe de andere auto een tegenligger kon ontwijken, waar ik blij mee was, en dat de andere auto's net niet in de sloot belandden. Het enige wat ik niet weet, is hoe ik van opzij eruit kon vallen en in een vliegende houding vooruit kan zijn terecht gekomen. Het was echt net of iemand mij had gedragen om mij vervolgens gewoon neer te zetten. Er is nog een arts geweest die het glas zou verwijderen, maar die was zo verbaasd over wat ik vertelde en hoe ik reageerde dat hij vertrok zonder het glas eruit te halen. Ik heb notabene een bekeuring gekregen omdat ik niet de gordel omhad! Daar was ik nog het boost over.

Dit zijn zo twee voorbeelden. Bijna alle keren dat ik een ongeluk had, was de auto 'total loss'. Zeker 4 keer had het ongeluk zelfs een dodelijk afloop kunnen hebben. Een keer was ik zelfs met 80 km/uur tegen een boom gereden, teruggekaatst en daarna aan de achterkant tegen een andere boom gebotst. De auto bleef overdwars midden op de weg stilstaan. Hier heb ik de whiplash aan overgehouden. Alle keren ben ik er op wonderlijke wijze vrijwel ongedeerd vanaf gekomen.

Daarom weet ik zeker dat het engelen zijn geweest, die mijn leven gespaard hebben en dat God een plan heeft met me. Ik snapte het niet, maar kon het ook niet meer ontkennen.

Uiteindelijk kwam iemand van de kerk waar we bij hoorden zeggen dat hij de indruk had dat hij hiervoor moest bidden met ons. Dit heeft hij gedaan en ik heb nooit meer een auto-ongeluk gehad.

Waarom?

Door deze ongelukken, die goed afliepen, begon ik te beseffen dat er een God moest zijn die wilde dat ik bleef leven. Want dit was toch een mooie manier om mij van dit leven te beroven. Wat ik overigens ook helemaal niet erg zou hebben gevonden toen! Ik werd echt door engelen geholpen tijdens de ongelukken. Alleen 'waarom'?

Ik ging op zoek naar de zin van het bestaan. We waren hier blijkbaar niet zomaar, het had een reden en een doel. Wat was Gods plan en doel voor het leven en voor mijn bestaan? Er moest toch meer zijn dan wat het oog ziet?

Omdat al het bovennatuurlijke in de kerk toen niet te vinden was, ben ik in het alternatieve circuit gaan zoeken naar antwoorden. Ik heb bijvoorbeeld een paar keer hypnose geprobeerd om iets uit het verleden te kunnen oprakelen waardoor voor mij duidelijk zou worden waarom ik het zo moeilijk had met mezelf. Ik dacht namelijk dat ik een goede en normale jeugd had gehad.

Bij een hypnosesessie heb ik een keer Jezus gezien. Tijdens deze sessie zag ik een 'Jakobsladder', een ladder die naar de hemel ging net als die Jacob in de bijbel zag in zijn droom toen hij vluchtte voor zijn boze broer. Boven aan de ladder zag ik een man staan die naar ik later begreep Jezus moest zijn geweest. Hij stond voor een hele rij met ramen waar gordijnen voor hingen. Achter ieder gordijn was een verhaal te zien. Het bleken momenten uit mijn levensverhaal te zijn. Niet dat ik dat allemaal zo helder zag maar die indruk kreeg ik ervan.

Dit heb ik de hypnotherapeut niet verteld. Ik vond dit een hele bijzondere ervaring en ik begreep toen dat ik het toch in het geloof moest zoeken en niet in het alternatieve circuit! Ik had namelijk in de bus naar haar toe gebeden of God me wilde beschermen, want ik wist niet of dit wel goed was om te doen en ik was heel erg bang. Ik heb dit wel als een antwoord op dat gebed ervaren!

HOOFDSTUK 4

Een lange weg te gaan

Vanaf 1983 begon de zeer lange weg van gesprekken en therapieën, van zoeken naar een weg en naar de zin van mijn bestaan.

In 1988 ben ik naar de dagbehandeling gegaan. Daar heb ik 1½ jaar gezeten. Ik kreeg daar ook een EEG (elektro-encefalogram). Hieruit bleek dat ik een hersenafwijking had, waarbij emoties wel binnen komen maar geen weg meer naar buiten kunnen vinden. De hersenstam geeft die signalen niet door. Er komen emoties binnen in de ene hersenhelft, maar ze worden niet doorgegeven aan de andere helft zodat er niets met die emoties gebeurt. Hierdoor kwam ik gevoelloos en theatraal over.

Ik heb toen medicatie gekregen. Door de medicatie kwam deze overdracht wel op gang. Dit was stormachtig en zeer heftig. Omdat de psychiater aan mij kon zien wat er gebeurde, was hij bereid mij in behandeling te nemen. Iets wat nooit gebeurt, want op zo'n dagbehandeling is de psychiater er alleen om medicijnen voor te schrijven en niet om je te behandelen. Met de psycholoog die ik had kon ik niet goed overweg, daar was ik bang voor. Die psycholoog probeerde vaak met zijn patienten een sexuele relatie aan te gaan. Dit hoorde ik later. Dit verklaarde waarschijnlijk mijn angst voor hem. Hij vroeg vaak seksueel getinte vragen. Gelukkig wilde de psychiater me helpen. Ik denk dat hij mij wilde beschermen voor deze man. Ik ervaar het als een Goddelijke greep.

Het werd een zware tijd van emoties hebben en ze leren kennen en herkennen. Nu terugkijkend zie ik dat ik het toen allemaal met mijn verstand heb gedaan. Al wist ik dit niet op dat moment.

Het heeft vele jaren gekost om dit goed op de rit te krijgen, tot zelfs lang na de drie jaar therapie bij deze psychiater. Na de dagbehandeling wilde de psychiater me wel verder helpen maar dan moest ik wel verhuizen. Ik zat te vast aan thuis, waardoor ik niet los kwam van mijn familie. Hij heeft me daarna nog 1½ jaar begeleid.

Ik begreep, nog steeds, weinig van het leven, van mezelf en nog niets van relaties. Ik begreep God ook niet in dit alles, al deed ik heel erg mijn best om het allemaal te snappen en Hem vooral dankbaar te zijn voor wat er wel gebeurde.

Toen ik verhuisde was ik wel eerst zo kwaad op God dat ik zei: "Als U echt bestaat moet U dat maar bewijzen want ik snap er niks meer van! Ik doe mijn best om U te gehoorzamen en mensen te helpen maar begrijp niet waarom ik me steeds zo schuldig voel."

Het proces van genezing begint

Toen werd er op de deur geklopt door iemand van de kerk om kennis te maken. Ik wilde er niets mee te maken hebben maar doordat hij aandrong en ik nog steeds moeite had met 'nee' zeggen, ben ik toch naar de 'thuisgroep' gegaan. Het voordeel hiervan was dat je mensen in de omgeving leerde kennen.

God begon zich langzamerhand aan me te openbaren. Ik las over 'beschadigde emoties' en begreep dat als ik niet van mezelf hield, ik God tekort deed en vond dat Hij mij niet goed geschapen had. Ik deed Hem hier veel verdriet mee. Dit vond ik moeilijk te verdragen. "Heer", vroeg ik, "vergeef me dat ik U zoveel pijn doe door mijzelf niet te accepteren."

Een jongeman van de kring waar ik heen ging wilde een relatie met me. Hij zei dat God wilde dat wij een relatie kregen. Wij waren voor elkaar bestemd. Aangezien ik nog niet begreep dat ik grenzen had en 'nee' kon zeggen, stapte ik in deze relatie. Ook hierin werd ik gemanipuleerd en misbruikt.

Voor mijn gevoel kon ik mijn leven telkens niet op de rit krijgen. Ik ben ook nooit meer goedgekeurd om te werken. Ik hielp wel bij een gezin met 3 kinderen om enige orde in mijn dagritme te krijgen, want ik werd een kluizenaar en kwam moeilijk uit bed. Ik was (besef ik nu) op dat moment zeer depressief, ook al wilde ik dit niet erkennen en liet het vooral aan de buitenwereld niet blijken. Ik kwam altijd opgeruimd en vrolijk over.

Maar eigenlijk was ik telkens boos op mezelf en strafte mezelf door niet te eten, of teveel te eten en dan weer over te geven, weinig te slapen en mezelf van alles kwalijk te nemen. Ik was heel hard voor mezelf. Ik was mezelf altijd aan het beschuldigen vanwege het niet goed reageren of handelen in situaties. Ik dacht altijd dat mensen mijn dom vonden.

Bekering en Doop

Op een avond had ik de tv aan als afleiding op de achtergrond en hoorde ik Feike ter Velde van de EO een oproep doen voor 'nazorg'. Ik zag het allemaal niet meer zitten op dat moment en dacht: "Laat ik dit eens proberen." Ik werd verwezen naar een zekere dominee in de buurt. Hij sprak met mij en met mijn toenmalig vriend apart. Het was bijzonder omdat die dominee begreep wat er aan de hand was. Ook had hij door, denk ik, dat ik niet erg 'stabiel' was. Hij vertelde mij dat het 'emotioneel misbruik' was', hoe die man met me omging en raadde me aan om het uit te maken.

Ik was enorm geschokt. Ik heb die avond mijn hart aan God gegeven en vergeving gevraagd dat ik me zo had laten gebruiken. Ik bekeerde me en heb enorm gehuild. De dominee zei dat ik Psalm 139 maar moest lezen. Dan zou ik zien hoe God tegen me aankeek.

Die Psalm gaat erover dat God je al voor de grondlegging van de wereld kende, je wilde en van je houdt. Hij heeft mij bij mijn naam genoemd. Dit viel buiten mijn perspectief. Het was zo anders dan hoe er altijd naar mij gekeken werd en hoe ik naar mezelf keek. Dat er een God was die er echt voor mij wilde zijn, was ongelooflijk. Ik dacht dat ik er alleen voor Hem moest zijn, dat ik moest doen wat Hij wilde anders zou er straf volgen. Ik was altijd (onbewust) angstig voor straf. Dus ik ging mezelf of heel erg verdedigen, of mezelf kwellen (straffen). Dat was wat ik verdiende en niet een God die me gewild heeft en van me houdt.

Die relatie heb ik verbroken en ben met een ander gezin 3 maanden naar Zwitserland geweest om voor de kinderen te zorgen zodat de ouders naar kinderevangelisatiecentrum 'Kilchzimmer' konden. Daar leerden mensen hoe ze speciaal kinderen konden evangeliseren. Dit was een bijzondere tijd. Iets van Gods liefde begon een weg naar binnen te vinden in mij.

Ik keerde daarna terug bij het gezin waar ik daarvoor oppaste. Via deze mensen leerde ik mijn huidige man kennen. Een lieve, zachtmoedige man en Godvrezend. Ik had God gebeden om

35

mij te genezen of me een man te geven die goed voor me kon zorgen.

God liet me op een bijzondere wijze weten dat hij deze man voor mij had. Ik vond het doodeng, maar dacht: "Als God het van me vraagt, wil ik wel gehoorzaam zijn."

In 1991 zijn mijn man en ik allebei gedoopt. Ik kreeg 1 Thessalonicenzen 5:23-24 als dooptekst: *Wij vragen dat God, die een God van vrede is, u in alle opzichten heiligt, en dat heel uw persoon, naar geest, ziel en lichaam, onberispelijk bewaard blijft tot de komst van onze Heer Jezus Christus. Hij die u roept, is trouw. Hij houdt zijn woord.*
Deze tekst heb ik jaren niet begrepen, maar hoe waar is die gebleken!

Huwelijksleven

Een jaar later waren we getrouwd. Mijn man was gescheiden en had 2 kinderen. Dit maakte veel dingen ingewikkeld voor me, vooral omdat ik nog steeds gebeurtenissen en gevoelens niet op een lijn had.
We hebben huwelijksbegeleiding gehad van een aantal oudsten uit onze toenmalige gemeente en de mensen die dit gaven hebben ons geweldig bijgestaan. Ik heb toen niet goed kunnen volgen, noch begrijpen hoe God begaan en betrokken was bij ons leven. Wij konden eerst helemaal niet vrijen. Ook in het

huwelijk was ik frigide. Na 2 maanden hebben we hulp ingeroepen van die oudsten en ze baden voor mij en daarna ging het gelukkig stukken beter. Er was gelijk een doorbraak hierin. Heel wonderlijk!

Ik was direct zwanger, en binnen een jaar na ons trouwen kregen we ons eerste kind, een zoon. Het was een zeer moeilijke bevalling. Hij was een grote baby en heeft mijn bekken uit elkaar gerekt. Hij was een krijsbaby en vroeg veel zorg en aandacht. Iets klopte niet aan hem en hij deed me erg aan mijn broer denken. Ik ben ervan overtuigd dat God dit gevoel in me legde zodat we op tijd hulp zouden inschakelen.

De oudste van mijn man, van 14 jaar, woonde inmiddels ook bij ons. 15 maanden na onze zoon kregen we onze tweede kind, een dochter. Zij was vaak ziek, waardoor ik aan huis gekluisterd was. Mijn man is een geweldige liefdevolle man, alleen wist hij met de situatie rondom de kinderen geen raad. Hij stortte zich op zijn werk. Dit gaf mij het gevoel dat ik er alleen voor stond.

Kinderen

Om goed voor de kinderen op te komen, moest ik zichtbaar worden. Ik wilde niet dat mijn kinderen, net als ik, een moeder zouden hebben die er niet voor hen was. Dus ik deed er alles aan om hulp in te schakelen als ik ergens geen raad mee wist.

Mijn zoon was een moeilijk kind. Hij huilde de eerste 3 jaar veel en was erg moeilijk te corrigeren. Oorzaak en gevolg snapte hij niet. Ik had het erg moeilijk met hem. Ik probeerde cursussen te volgen, of vrienden te vragen hoe ik het beste met hem om kon gaan. Hierdoor was ik, denk ik, niet erg stabiel in mijn reacties en opvoedmethodes naar hem, wat ongetwijfeld ook niet echt hielp.

Naar school gaan was voor hem een ramp. Ik heb hulp gevraagd bij verschillende instanties. Uiteindelijk is hij getest bij het Riagg. Daar kwam hechtingsstoornis uit en PDD-NOS. Hij werd onbereikbaar en depressief.

Toen hij ongeveer 7 á 8 jaar was, zijn we met hem en onze dochter van 6 naar een genezingsdienst van de evangelist Jan Zijlstra gegaan. Mijn dochter wilde toen per se naar voren voor haar hoofdpijn en ze nam mijn zoon gewoon mee. Heel apart. Ik zou zelf namelijk nooit naar voren zijn gegaan. We waren er gewoon om te kijken hoe het er aan toe ging in zulke diensten. Verbazingwekkend genoeg nam Zijlstra alle tijd voor onze zoon. Voor mijn dochter bad hij alleen en zij is ook niet van haar hoofdpijn afgekomen. Hij bad heel specifiek voor onze zoon en toen was het voorbij.

Ik denk dat het zeker ruim een jaar later was, dat er iets gebeurde waar mijn zoon normaliter heel erg heftig op zou hebben gereageerd, maar nu niet. Toen realiseerden we ons dat hij genezen was. Ik kon het haast niet geloven.

Het is niet zo dat als je genezen bent, je in een keer van alles af bent. Je bent vertrouwd met het gedrag dat je vertoont, en dat moet nog afgeleerd worden. Mij zoon was duidelijk aanspreekbaarder geworden, al waren we nog niet van alle problemen af. Dat heeft nog vele jaren geduurd. God geneest meestal niet alles in een keer.

Zo nam God me ongemerkt steeds bij de hand en leidde mij in Zijn liefde voor mij.

Mijn dochter was veel ziek. Vaak werd ik echter niet serieus genomen door doktoren en moest ik op mijn strepen staan, zodat zij onderzocht en behandeld werd. Achteraf bleek zij dan inderdaad ernstige aandoeningen te hebben, zoals een streptokokkeninfectie en kinkhoest.

Ik ben voor hen beide blijven vechten tegen alle onbegrip in. Het was een groot spanningsveld om te staan voor wat er aan de hand was en telkens tegen muren op te lopen van mensen die mij niet geloofden, of die vonden dat ik me aanstelde of dat ik het niet goed deed. Uiteindelijk ben ik blij dat ik me ondanks alles, dankzij mijn Hemelse Vader, staande heb gehouden.

God is getrouw!

Doordat ik me niet kon verbinden en ik me door mijn man in de steek gelaten voelde, liep ons huwelijk regelmatig niet lekker. Ik voelde me daardoor telkens helemaal verloren. Dit waren de momenten waarop ik me krampachtig aan God vastklampte, in de Psalmen ging lezen en probeerde wat er stond mij eigen te maken. Ik wilde zo graag geloven dat God voor mij dezelfde was als Hij voor David en anderen ook was.

Terugkijkend heeft God telkens laten zien dat Hij er was en mij wilde herstellen en genezen. Ik begreep alleen nooit echt goed waarom Hij dit deed.

Ik heb het Hem zelfs een keer gevraagd: "Waarom geneest u mijn lichaam en helpt ons steeds juist daar, waar we er niet om vragen?" Ik hoorde Zijn stem in mijn hoofd: "Ik ben het die jou opricht en je leven weer zin geeft. Ik weet dat jij er niet om zal vragen." Ik was met stomheid geslagen!

In 2005 tijdens een huwelijksseminaar las ik Ezechiël 36 en ik legde mijn eigen naam erin tijdens het lezen. Het was toen net alsof God tot me sprak.

Ik ben tot in het diepste van mijn hart gegriefd, omdat jij tot mikpunt van spot werd gemaakt voor de 'kinderen' om je heen. Maar voor jou zullen er goede tijden weer aanbreken. Kijk Ik sta aan jouw kant en zal je te hulp komen wanneer jouw grond weer wordt bewerkt en jou gewassen gezaaid. Jouw bergen en hellingen zullen opnieuw bezaaid zijn met huizen (leven). Ik zal zelfs meer voor jou doen dan vroeger.

Van al jouw onreinheden en van al jouw afgoderij zal ik je zuiveren. Ik zal je een nieuw hart geven - en nieuwe goede verlangens - en een nieuwe geest in je planten. Ik zal je van zonden versteende hart wegnemen en je een nieuw hart van vlees ervoor in de plaats geven. Doordat Mijn Geest in je zal wonen, zul je mijn wetten gehoorzamen en doen wat Ik van je vraag. En je zult LEVEN, in het land dat Ik je geef. Je zal Mijn kind zijn en Ik zal jouw God zijn. Ik zal je verlossen van je zonden.

Ach schaam je diep om alles wat je hebt gedaan! Op de dag dat IK je reinig van je zonden, zal Ik je ook weer terugbrengen naar je vaderland en de verwoeste steden zullen worden opgebouwd. (Ik ervaar dit alsof God de nieuwe Jeruzalem in mij zal laten neer dalen te zijner tijd.)

Dit verwoeste land is veranderd in een tuin van Eden. De verwoeste steden zijn hersteld en ommuurd en worden weer bewoond! Dan zullen de mensen rondom weten dat Ik, jouw God (YeHoVaH), heb hersteld wat verwoest was. Want Ik heb het beloofd en dus zal Ik het ook doen. YeHoVaH zegt; Ik sta opnieuw klaar om te luisteren naar je gebeden. Die gebeden zal Ik ook verhoren.

Ik zie nu dat God Zijn belofte echt heeft gehouden. Ik heb deze tekst, die ik toen overgeschreven had, pas terug gevonden en ik zie dat het echt waarheid aan het worden is! Het is officieel een belofte aan het land en volk van Israël. Maar ik weet dat ik ook een deel van Israël ben! Ik zie nu dat God Zijn belofte echt heeft gehouden.

Wat een fantastische God hebben we!!

HOOFDSTUK 5

Doorbraak

In 2004 hebben mijn man en ik een 'Breakthrough'-training gedaan van ACCD (Association for Christian Character Development). Dat is een training die je geloofs(denk)systemen aan de kaak stelt aan de hand van praktische oefeningen. Hoe je denkt en hoe je met afspraken, tijd en de bijbel omgaat wordt daardoor aan het licht gebracht. Hoe zit je denksysteem in elkaar? Dit heeft mijn wereld aardig ondersteboven gezet. Aan het einde van de training hoorde ik duidelijk God's 'stem' tot mij spreken. Het was een mannelijke zware stem. Hij zei: "Geloof jij dat ik jou kan laten zien wie je bent in Mijn ogen en niet zoals anderen jou zien, of zoals je vroeger was?" Op beide vragen antwoorden ik: "Ja." Ook al had ik geen flauw idee wat Hij precies bedoelde noch hoe dat er uit moest gaan zien en hoe Hij dat ging doen.

Tot nu toe was ik hopeloos op zoek naar alle verloren stukken, de herinneringen uit mijn kindertijd die verdwenen waren. Waarom was ik zo bang? Waarom kan ik niet goed met mensen omgaan? Waarom voel ik me altijd schuldig? Ik had alleen hele kleine momentopnames en een algemeen idee over het verleden, maar daar kon ik naar mijn idee niet echt iets op stoelen. In therapie wilde iedereen altijd weten 'wat' er gebeurd was en dat kon ik niet naar boven halen. In de kerk zeiden ze altijd: "Als je God erom vraagt dan zal Hij het je wel openbaren." Maar dat gebeurde nooit, en telkens leek de weg dood te lopen. Ik wilde zo graag geloven wat Hij nu tegen me zei. Maar wat hield het precies in?

Bevrijding en herstel begonnen

Toen ik thuis kwam, was ik helemaal overstuur en dacht: "Ja en nu? Hoe moet ik nu leven met deze wetenschap en hoe ontdek ik wie ik ben?" Ik zag dat ik vele fouten had gemaakt en wist mij er geen raad mee. Ik werd eigenlijk eerst alleen depressiever.

In 2005, zijn we bij Wilkin van de Kamp in dieptepastoraat terecht gekomen. Wilkin van de Kamp heeft een bediening die 'geboren om vrij te zijn' heet. Dit houdt in dat hij een door God aangewezen functie heeft gekregen om anderen hierin te 'bedienen', te helpen. Je te bevrijden van dingen die je klem kunnen houden.

Een kennis raadde dit aan omdat we een zeer depressieve zoon hadden die toen aan de antidepressiva moest. Zij raadde ons dit aan en zou ons hierin begeleiden. Ik was allang blij dat iemand de ernst van de zaak inzag en wilde helpen! Voor dat onze zoon geholpen kon worden moesten we als ouders eerst, omdat hij toen 12 werd en dus minderjarig was. Ze namen een beetje je verleden met je door en later werd er met je gebeden.

Hier is mijn bekkeninstabiliteit hersteld en is mijn 'bevrijding' begonnen. Langzamerhand begon een bewustwording van wie God is en beetje voor beetje kreeg ik zicht op mijn omstandigheden en mezelf.

Het was een langzaam proces, want ik kon heel moeilijk verdragen dat mensen tijd en aandacht voor me hadden. Ik had de angst om 'ontdekt te worden'. Ik kon niet echt geloven dat anderen echt om me gaven. Ik deed alsof ik het aannam, maar van binnen ervoer ik alles heel anders dan dat ik liet blijken. Eigenlijk geloofde ik dat ik een masker droeg en dat ik diep van binnen toch slecht was.

In 2006 hebben we een huwelijkstraining gedaan. Hier ontdekte ik dat God echt van me hield, maar ik kon het nog niet goed bevatten. De vrouw die mijn coach was geweest bij het dieptepastoraat was ondertussen ook een vriendin geworden. Zij gaf me toen Ezechiël 16:4-14.

Toen je geboren werd, was er niemand die je navelstreng doorsneed, die je waste en inwreef met zout, die je in doeken wikkelde. 5 Geen mens keek naar je om, niemand had zoveel medelijden met je dat hij je verzorgde. Je werd te vondeling gelegd, omdat je ongewenst was toen je werd geboren. 6 Toen kwam ik voorbij. Ik zag hoe je lag te spartelen in je bloed. Leef! zei ik tegen je. 7 Bloei op als een bloem op het veld! Je groeide op, je werd groot, een mooie, jonge vrouw. Je kreeg stevige borsten en je haar groeide. Maar je was nog geheel naakt. 8 Opnieuw kwam ik voorbij. Ik zag dat voor jou de tijd van de liefde gekomen was. Ik heb je onder mijn hoede genomen. Je naakte lichaam heb ik bedekt. Ik heb je trouw gezworen en me met je verbonden. Zo werd je van mij. 9 Ik waste het bloed van je lichaam en wreef je in met olijfolie. 10 Ik deed je mooi geborduurde kleren aan en sandalen van het fijnste leer. Ik bond je een linnen hoofddoek om en gaf je een zijden mantel. 11 Ik deed je prachtige sieraden om, armbanden en een halsketting. 12 Ik gaf je een neusring en oorringen en zette een schitterende kroon op je hoofd. 13 Je pronkte met je gouden en zilveren juwelen en met je prachtig geborduurde kleren van fijn linnen en zachte zijde. Je at gebak van het fijnste meel, honing en olijfolie. Mooier en mooier werd je, je had een koningin kunnen zijn! 14 Je was om je volmaakte schoonheid beroemd bij alle volken. Ik, God, de Heer, had je zo mooi gemaakt!

Toentertijd kon ik dit niet lezen. Ik vond het veel te overdreven en heftig, en te mooi om waar te zijn. Zo erg was het allemaal niet. Ik stelde me gewoon aan! Doordat ik Gods vrede en vreugde nog steeds miste in mijn leven en me moeilijk met mensen kon verbinden, ben ik blijven zoeken. Ik hield uren stille tijd en bleef hartstochtelijk God zoeken. Soms waren dat hele bijzondere momenten, maar ik moest voor mijn idee nog steeds Zijn liefde verdienen. Ik kon het gewoon niet geloven dat God onvoorwaardelijk van me hield.

Ik kwam vervolgens bij Ellel Ministries terecht. Een andere vriendin nam me een keer mee naar een open dag van dit ministry. Mede omdat ik erg veel strijd had toen met onze dochter. Zij had toen ze anderhalf was kinkhoest gehad waardoor ze een eet- en drinkprobleem had gekregen. Ik had haar altijd gedwongen om te eten waardoor er nu veel strijd was tussen ons.

Dit is een soort 'Bijbelschool', alleen je leerde er geen Bijbelteksten enzovoorts uit je hoofd. Je kreeg onderwijs over het woord van God en het had vooral betrekking op 'heel worden in geest ziel en lichaam' en hoe je dit in de bijbel terug kon vinden en eventueel zou kunnen toepassen voor jezelf en anderen.

Na 2 jaar modulaire school en een 'healing retreat' kwam er steeds meer structuur in mijn leven en in mijn denken. Toen ontdekte ik dat ik een 'niemandsland' had waar ik naartoe ging als situaties voor mij te angstig waren. Hierdoor kon ik me situaties vaak niet meer herinneren. Het was altijd mijn bescherming geweest, maar nu was het mijn vijand omdat het me buiten de realiteit hield en ik door angst heel veel dingen niet meer wist, wat voor anderen onbegrijpelijk was. Als gevolg daarvan kwam ik bij anderen boosheid en frustratie tegen die ik niet begreep. Het 'echte' leven onder ogen gaan zien was de volgende stap. In het hier en nu blijven.

Huwelijkse plichten

Ik liep telkens weer vast in mijn huwelijk met mijn man, omdat ik me in de steek gelaten voelde en alleen. We konden elkaar denk ik niet echt vinden. Ik was thuis druk met de kinderen en hij was druk op de zaak en kon niet omgaan met de situatie thuis. Dus hij deed of er niets aan de hand was. Ik stond alleen in de opvoeding en bij de problemen met de kinderen. Ik zorgde ook voor de oudste 2 kinderen uit zijn vorige huwelijk, terwijl die kinderen liever hem wilden en niet mij. Uiteindelijk heb ik hem gewoon zijn gang laten gaan en probeerde mijn 'huwelijkse plichten' als een goede vrouw uit te voeren. Hierdoor ging ik vaak tegen mijzelf in, want het lag allemaal aan mij. Mijn man gaf me ook dit gevoel doordat hij me niet echt bijstond en hij straalde uit dat ik me niet zo moest aanstellen. In ieder geval heb ik het zo geïnterpreteerd (Hij heeft ook later bekend dat hij inderdaad dacht dat ik het erger maakte dan het was. Hij had echt niet door wat er allemaal speelde en ik hield het voor me omdat hij het niet begreep. Een vicieuze cirkel.)

Op seksueel gebied ging het steeds moeilijker. Omdat ik mezelf steeds dwong om seks te hebben was het meestal niet leuk voor mij. Hij merkte het wel, zei hij later, maar zijn eigen genot was toen belangrijker. Dit was natuurlijk ook maar een overlevingsmechanisme van hem, omdat hij zich ook geen raad wist met mij en de hele situatie. Hij had al een gebroken huwelijk achter de rug en was bang dat het weer mis zou gaan. Zijn manier van hiermee omgaan was ook hierbij 'gewoon doen of het niet bestaat'. Zo zaten we allebei vast in ons eigen systeem. Er kwam een dag dat ik het ook echt niet meer kon. Ik vond dit heel erg moeilijk want nu was ik niet meer die gehoorzame persoon die deed wat anderen wilden. Ik zei: "Ik doe het niet meer, ik kan het niet meer en volgens mij is dit niet goed zoals we met elkaar omgaan."

Ik had strijd met God want als hij wilde dat we een werden door gemeenschap te hebben waarom kon ik het dan niet en genoot ik er niet van? Ik voelde me schuldig naar mijn man toe want ik ontnam hem zijn 'plezier'. Ik beschuldigde mezelf ervan dat ik hem zo manipuleerde om te doen wat ik wilde. Nu begrijp ik dat er gewoon veel meer aan de hand was dat aan het licht gebracht moest worden. Ik had geen respect voor mijn eigen emoties, laat staan dat ik deze voelde en begreep, noch voor mijn eigen verlangens. Ook mijn man moest veranderen in zijn denkproces, omdat hij vond dat als je getrouwd bent, het erbij hoort en hij er 'recht' op had. Zo hoorde het voor hem (onbewust).

Kortom, veel van het leven begreep ik nog steeds niet en elke dag was het een zware taak om gewoon op te staan en de dag aan te gaan. Weinig mensen wisten dit. Ik wist het zeer goed te verbergen. Zelfs voor mijn man.

Er gloort hoop

Door een gebeurtenis in ons huidige gezin werd ik emotioneel helemaal onderuit gehaald.

Ik had juist gedacht dat ik het allemaal al redelijk op orde had in mijn leven.

Ik had zo hard mijn best gedaan om Gods waarheden tot me te nemen en deze ook uit te voeren. Ik was bevrijd van mijn 'niemandsland' en dacht dat ik al redelijk inzicht had in hoe (nog niet wie) ik was en functioneerde. Ik had nog wel veel last van angst, maar dat wilde ik niet echt onderkennen.

Ik werkte hard aan de relatie met mijn man, kinderen en vrienden, maar het was allemaal hard werken voor God en de ander, niet voor mezelf. Ik was helemaal stuk. Hoe konden we hier ooit uit komen? Ik ging een weekend alleen weg om mijn emoties even te laten kalmeren. Hier sprak God en zei: "Je hebt geen respect voor jezelf." Wat betekende dit? Wat bedoelde hij daarmee?

In dat weekend ging ik begrijpen dat ik door mezelf zoveel weg te cijferen anderen teveel ruimte gaf. Daardoor konden ze makkelijk over me heen lopen, want ik gaf geen of onvoldoende grenzen aan. "Oké," dacht ik, "dat begrijp ik en kan ik zien, maar hoe leer ik dat dan? Ik hoopte dat ik dit zelf op zou kunnen pakken. Maar het lukte me niet en ik knapte niet op. Ik was zelf heel hard aan het werk en begreep ten diepste niets van Gods onvoorwaardelijke liefde en zorg voor mij. Ook begon ik te snappen dat God me wilde laten zien dat ik mezelf bestaansrecht gaf door voor anderen zo te zorgen. Dit is niet de juiste motivatie om voor anderen te zorgen. Dus God trok dit kleed totaal onder me vandaan.

Omdat ik niet over deze situatie heen kon komen werd ik me er bewust van dat er meer moest spelen, want anders zou dit niet zolang duren om te verwerken. Ik ben toen naar een vrouwenweekend geweest om alles wat meer op een rij te krijgen en genezing te ontvangen. Ik kon dat weekend nauwelijks praten. Het was alsof God me de mond gesnoerd had, zodat ik nergens naartoe kon vluchten. Ik kon naar mijn idee alleen maar huilen en zag het allemaal niet meer zitten. Ik had mijn best gedaan God te gehoorzamen en het had me alleen ellende gebracht. Hoe moest ik dit zien?

Het wonder deed zich voor dat tijdens het spreken van de spreekster, waarbij we allemaal de ogen moesten sluiten, ik een beeld voor me zag van een vrouw die aan het bevallen was. Toen het kindje eruit kwam, werd het door een man opgevangen en door gegeven aan een andere (oudere) man die het kindje tegen zich aandrukte. Ik vroeg me af wat het te betekenen had. Ik kreeg sterk de indruk dat God tot me sprak en het uitlegde; het was mijn moeder die beviel van mij. Jezus ving mij op en gaf me aan de Vader. Dit beeld heeft me enorm geraakt! Wat een God, die zoveel van je houdt dat Hij mij opnieuw geboren laat worden in Zijn armen waar wel liefde, geborgenheid en bescherming is. Waar geen veroordeling is of schuld wordt gecommuniceerd. Waar ik niet geplaagd of gemanipuleerd wordt, of moet dansen naar de pijpen van een ander. In de armen van iemand die me oprecht lief had en me wilde. "Ik ben blij met jou!" Ik kon het haast niet geloven. God weet altijd precies wat je nodig hebt. Zelfs meer dan dat je dat zelf weet.

In dit weekend werd me duidelijk dat ik inderdaad geen gezonde grenzen had. Ik liet teveel aan anderen over en nam geen ruimte in voor mezelf.

Mijn man en ik zijn eerst samen in therapie gegaan, maar dit werkte niet. Ik ben toen alleen verder gegaan met gesprekken met een kennis die aanbood om met mij te kijken naar wat er speelde. Zij had op dit gebied veel geleerd in haar eigen leven. Ik leerde dat ik nog steeds worstelde met acceptatie. Ik ontdekte hoe ik reageerde en waar ik nog vast zat, en dat ik muren voor grenzen had aangezien. Grenzen hebben is gezond daardoor geef je duidelijk aan bij mensen wat jou goed doet en wat niet. Je kunt ervoor kiezen om soms je grenzen voorbij te gaan of niet. Muren daar kun je zelf, maar ook een ander, niets mee. Dan zijn jij en de ander niet meer bereikbaar. Ik denk dat mijn man en ik er allebei heel sterk in waren om muren op te trekken, maar niet om goede grenzen te bepalen of aan te geven. Muren maken scheiding, grenzen zijn transparant. Je maakt jezelf zichtbaar, maar geeft duidelijk aan wat wel en wat niet kan.

Die kennis raadde me uiteindelijk aan om haptotherapie te gaan doen met een christen, omdat ik erg in mijn hoofd zat en mijn emoties niet echt de ruimte kregen om eruit te komen. Ik had hier veel te veel controle over. Het leek alsof mijn lijf en emoties bevroren waren. De haptotherapeute vertelde dat je lichaam niets vergeet. Ook al weet jij het verhaal niet, het verhaal zit nog wel in je lichaam. Dat moet eruit.

Ik heb ontdekt dat ik nog vol schuld, schaamte en angst zat en dat deze me gevangen houden. Tijdens deze haptotherapie ontdekte ik dat geest, ziel en lichaam bij mij apart functioneerden en dat vooral de emoties en mijn lichaam op slot zat.

Dus ben ik begonnen met een proces van het luisteren naar wat mijn lichaam mij te vertellen had. Dit is een pijnlijk proces. Letterlijk, mijn lichaam deed pijn. Ik merkte voor het eerst dat ik mijn lichaam echt kon voelen zonder het eerst te 'bedenken' wat ik voelde. Langzamerhand begon ik te snappen dat je van binnen echt kunt ervaren wat goed voor je is en wat niet, en dat je daar zelf de baas over bent. Je mag dan zeggen: "Dat is niet goed voor mij" bijvoorbeeld. Er begon een samenwerking te ontstaan tussen mijn geest, ziel en lichaam die tot nu toe 'gespleten' of los van elkaar bleken te zijn geweest.

Dit is ook nog mijn dooptekst: 1 Thessalonicenzen 5 vers 24 en 25. Ik begin deze tekst eindelijk te begrijpen! Ik kon alleen mijn hoofd gebruiken, maar lichamelijk ervoer ik weinig. Alles werd beredeneerd. Situaties werden berekend, gewogen, ingeschat en gecalculeerd en van daaruit nam ik een houding of stelling aan. Dit had ik niet altijd door. Ik ging voortdurend van de ander uit. Die was mijn graadmeter. Als iemand niet te peilen viel, raakte ik van binnen in paniek. Nu leer ik dat het niet mijn probleem is en niet mijn schuld dat iemand zo is of reageert. Ik leer dat ik respect mag hebben voor mezelf en dat ik van daaruit keuzes en beslissingen mag nemen. Een hele nieuwe wereld gaat voor me.

Bidden en vasten

In dezelfde tijd gingen we naar een conferentie "Bidden en vasten" van Herman Boon. Dit is een conferentie waarin je leert vasten en verschillende vormen van bidden, om doorbraken te krijgen in bepaalde situaties. Ik had hier hoge verwachtingen van, maar er gebeurde in eerste instantie niets.

Zoals gezegd, ik deed zo mijn best om alles goed te doen, maar ik raakte zeer vermoeid en mijn stem begon te bezwijken. Ik werkte hard en bereikte geen resultaat. Ik voelde me verslagen. Ik deelde dit met iemand op de conferentie en zij zorgde dat ik met een pastoraal werkster ging praten.

Deze pastoraal werkster vertelde dat ik geen last had van demonen, maar dat ik als het ware in een soort emotionele kerker gevangen zat en dat ze een gespecialiseerd iemand had hiervoor. Met die persoon ben ik in contact gekomen.

Voordat ze met je dat proces ingingen moest ik mijn levensverhaal op papier zetten. Dat namen ze met me door. Waarschijnlijk om de rode draad in je leven te gaan herkennen. Hierna legde de vrouw uit wat de bedoeling was en wat ze ging doen. Ze zei dat Jezus gekomen was om de gebrokenen van hart te verbinden, om vrijlating uit te roepen over de gevangenen en gevangenen uit de duisternis te halen, Jesaja 61 vers 1-2:

De Geest van de חוהי (God) is op Mij, (zo staat het in het Hebreeuws) omdat הוהי (God) Mij gezalfd heeft om de blijde boodschap te brengen aan de zachtmoedige. Hij heeft Mij gezonden om te verbinden de gebrokenen van hart, om voor de gevangenen vrijlating uit te

roepen en voor wie gebonden zaten, opening van de gevangenis.
Alles wat ze zei en uitlegde klopte voor mij in mijn hart precies! Wat hier staat ervoer ik ook zo, heel apart. Het voelde of mijn hart gebroken was, en dat ik gevangen zat ergens in. Je kunt je gevangen voelen alsof niets goeds uit je voort komt. Nou dat leek inderdaad zo in mijn leven.

Ze is 'profetische' handelingen gaan doen. Ze was daarbij plaatsvervangend voor Jezus. Het koperen deksel werd verbrijzeld (het staat in de bijbel dat soms de hemel van koper kan zijn waardoor je geen verbinding hebt met God). Met de sleutels van de deur naar het dodenrijk heeft ze de koperen deur geopend. Die sleutels heeft Jezus bij zijn dood en opstanding opgehaald uit het dodenrijk. Hij heeft nu de macht over de dood. Ze is goddelijke waarheden in mijn oor gaan uitspreken en heeft toen alle boeien om me heen verbroken. Daarna heeft ze me uit de kerker gehaald en mijn hoofd vast gehouden. En eigenlijk het tweede deel van Ezechiël 16 uitgesproken over me, vers 8-13. De 2e deel van wat die vriendin (van het dieptepastoraat) ook al aan me had gegeven. Deze tekst in Ezechiël is ook bij Ellel Ministries een keer langs gekomen. Dit kon geen toeval meer zijn!
Deze handelingen zijn aardse dingen om geestelijke dingen zichtbaar te maken. Ze doet de dingen echt, zodat je het beter beleeft en ervaart en je kunt zien dat het echt verbroken is.

Ik merkte op dat moment niet zoveel, maar geloofde dat God aan het werk was. Toen ik thuis kwam, merkte ik pas dat er een heel diep gevoel weg was. Dat gevoel van niet vooruit te komen, vast te zitten. Alsof niets helpt en niets werkt. Dat verslagen, depressieve gevoel was weg!

Het duurde een maand voordat ik durfde te geloven dat het ook niet meer terug zou komen!

HOOFDSTUK 6

Ik ben vrij

Hiervoor zat mijn leven vol verwarring en onbegrip. Ik probeerde wanhopig het goede te doen en Gods liefde te verdienen. Het was echter alsof hoe harder ik probeerde, hoe meer het mislukte. Soms leek het even goed te gaan, om vervolgens weer in te storten. Dit gold voor vriendschappen, huwelijk en gezin.

Ik schaamde me steeds en gaf mezelf overal de schuld van. Ik probeerde leuk te zijn om vervolgens bij iedere stagnatie in een gesprek of elke gebeurtenis mezelf weer helemaal de grond in te boren. Het maakte niet uit wat er gebeurde. Iets positiefs kon ik moeilijk geloven en alles wat ik als negatief ervoer, was mijn schuld want dan had ik niet goed opgelet of had iets over het hoofd gezien, of zoiets. De ander was vast weer in mij teleurgesteld.

Daar ben ik nu helemaal vrij van. Wat een genade, wat een liefde, wat een geduld heeft God met mij.

Pijnlijke ontdekking

Onlangs was ik bezig met opruimen. Ik liep naar een kast, zomaar om te kijken of er misschien nog meer uit opgeruimd kon worden dan dat ik laatst al gedaan had. Ik pakte zomaar een ordner eruit en begon te bladeren om te zien wat er in zou zitten. Het bleken brieven te zijn die ik aan mijn psychiater had geschreven zo'n 25 jaar geleden. Ik dacht: "Wat apart, die heb ik de vorige keer met opruimen niet gezien blijkbaar? Laat ik ze even lezen of er veel verschil is met nu."

Ik las brief voor brief, en in de laatste brief las ik dat ik aan het bidden was of God me herinneringen te binnen wilde brengen. Er moest toch iets gebeurd zijn vroeger, wat verklaren kon, dat ik zo op slot was gegaan. Ik schreef dat ik ineens beelden te zien kreeg van een gebeurtenis die in ieder geval in de laatste flat waar we woonden in Canada plaatsgevonden moet hebben.

Ik zag dat een oom van mij me had misbruikt en het kwam zeer gedetailleerd voorbij. Ik schrok enorm toen ik het las, want ik kon me dat incident toen niet herinneren en nu nog niet. Ik kon me ook niet herinneren dat ik het die psychiater had geschreven en weet ook niet hoe we dat toen behandeld hebben. Ik twijfelde enorm aan mijn verstand. Wat vreemd dat je dit 2 keer op zo'n rigoureuze wijze kunt vergeten.

Ik heb het mijn man laten lezen, en hij zei: "Dit geloof ik wel want het verklaart een heleboel, ook hoe je vaak op mij reageert en waar je telkens in vast loopt." Mijn haptotherapeute was er ook van overtuigd dat het waar was.

Dus ik moet het gewoon accepteren, geloven en verwerken. Nu kan ik zien dat hoe ik reageerde in situaties later in Nederland heel begrijpelijk was, als ik misbruikt ben. Ook dat ik altijd mezelf overal de schuld van gaf, en mijn mensen- en mannenvrees worden hierdoor verklaard!

Mijn therapeute had me net voor deze ontdekking een boekje laten lezen over misbruik, waar ik ook al behoorlijk door van slag was. Dat boekje ging over misbruik en wat het met je doet. Hoe je reacties en denkprocessen zijn als je dit meegemaakt hebt. Het leek haast wel over mij te gaan en dat vond ik wel apart, en daarna kwam die brief!

Ik zie hier echt de hand van God in en wil nu accepteren dat ik toch echt slachtoffer ben van incest.

Soms overvallen de emoties me en kan ik moeilijk mijn denken en voelen helder krijgen. Volgens de therapeute moet ik deze verwerking zo min mogelijk alleen doen, omdat ik er behoorlijk van in paniek raak en niet weet wat ik moet doen. Zij kan me heel goed hierdoorheen coachen. In mijn eentje thuis lukt dat niet en mijn man weet dan ook niet wat hij moet doen. Soms is zijn aanwezigheid genoeg, maar meestal als ik door het misbruik overstuur ben, kan ik met hem ook niet zo veel. Best lastig. Dus ik probeer dit stukje alleen bij haar te doen. Zij kan me dan aangeven hoe ik ermee om kan gaan en dat helpt. De therapeute is super gaaf als ze me troost en door de emoties heen helpt. Zij voelt heel veilig voor mij!

Het valt me zwaar en het valt ook erg tegen om deze nieuwe confrontatie met mijn verleden aan te gaan. Ik had dit absoluut niet verwacht, maar het is in mijn Vaders hand en ik weet dat Hij mij hier door heen zal dragen. Hij heeft me al zo ver gebracht, dat ik zeker weet dat ik er beter van wordt!

Ik hoop hierdoor eindelijk het hoofdstuk van mijn verleden helemaal te kunnen afsluiten en me blij en gelukkig te gaan voelen.

Aan Gods hand

Dank zij de haptotherapie, de liefde, tijd en ruimte die de therapeute aan me geeft, durf ik steeds meer mijn emoties toe te laten in mijn lichaam. Stukje bij beetje komen mijn emoties tot leven en durf ik deze in mijn lijf te voelen. Telkens als ik in paniek dreig te raken of ben, weet zij mij weer te bemoedigen en aan te sporen. Ze stelt me gerust dat het misschien zo voelt dat dit niet goed is of zal komen, maar dat ik echt op de goede weg ben. Als zij het dan uitlegt en beschrijft wat er gebeurt, merk ik dat ze gelijk heeft en kan ik weer verder.

Ik ben God zo dankbaar dat ik nu zover ben dat ik deze haptotherapie kan toelaten ook al is het een pijnlijke weg. Ik las ergens, en merkte dat God het haast tegen me zei: "Geef je over aan die pijn want het is nodig voor je herstel. Laat de pijn zijn werk doen. Ik ben bij je, Mijn Geest zal je kracht geven."

God heeft mijn hand vast. Hij laat me zien met welke emoties ik in 'contact' mag komen. Ik mag leren om mijn lijf te gaan bewonen en mezelf te gaan vertrouwen. Ik heb gemerkt dat het inderdaad zo werkt, dat als je door de lijfelijke pijn heen durft te gaan, er genezing komt in je denken en emoties, maar ook in hoe je je in diverse omstandigheden voelt. Het heeft lang geduurd maar nu kan ik beter omgaan met lichamelijk contact en het voelt zelfs anders. Ik vind het verbazingwekkend hoe dat gewerkt heeft. De ruzie in mijn hoofd is aanzienlijk minder en ook hoe ik me voel in situaties met anderen is verbeterd. Ik ben duidelijk minder bang! Ik leer dat ik het recht heb om het niet met iedereen eens te zijn, en dat ik niet mijn mond hoef te houden uit angst voor kritiek of om verstoten te worden.

Gaandeweg komt er nu beweging in en begrijp ik wat God bedoeld heeft met 'zonder herinnering' je weer compleet en heel maken. Ik mis waarschijnlijk nog steeds veel herinneringen.

Mijn verleden heeft weinig woorden want er werd nooit iets gezegd. Veel werd stilzwijgend, via houding of blikken gecommuniceerd en er waren vele onuitgesproken gedragsregels. Er werd vooral ontkennend gereageerd als je vragen had over hoe dingen waren gegaan. Hierdoor is er veel verwarring bij mij ontstaan. Ik wist niet meer wat echt of waar was. Alles werd subtiel en met steken onder water gecommuniceerd.

Zonder woorden kan je lichaam echter ook een verwerkingsproces aangaan. Dit is een moeilijk en pijnlijk proces, waarin ik God en de therapeute moest gaan vertrouwen om verder te kunnen. Ik heb het in Gods handen gegeven en probeer het zoveel mogelijk onbevangen aan te gaan en er niets van te vinden. Dit lukt steeds beter. Ik sta verbaasd hoe God deze weg met me bewandelt.

Wat God tijdens de 'Breakthrough'-training heeft beloofd, doet Hij echt. Hij gaat me laten zien HOE Hij mij ziet en ik begin te zien en te begrijpen hoe dat eruit ziet! Ik mag er ook van mezelf nu meer zijn en accepteer meer hoe ik ben en ben tevredener hierover. Ik durf steeds eerlijker te zijn en voor mijn mening uit te komen. Soms val ik wat terug maar ik heb het steeds sneller door en kan het ook steeds makkelijker omkeren.

Deuteronomium 30 vers 19b zegt:
Kies voor het leven, voor uw eigen toekomst en die van uw nakomelingen, door de HEER, uw God, lief te hebben, Zijn stem te gehoorzamen

*en u aan Hem vast te houden – want Hij is uw
leven en de verlenging van uw dagen. Want een
hoopvolle toekomst heb Ik voor jou!*

Hier doe ik het voor, voor mijn toekomst en de
toekomst van mijn kinderen, voor het nageslacht,
opdat zij in een grotere vrijheid zullen kunnen
leven. Het geslachtelijke onrecht stopt hier!
Uiteindelijk doe ik het ook voor mezelf, al was
mijn motivatie in eerste instantie wel de ander!
Dat was tegelijkertijd ook mijn valkuil want daar
sloeg ik teveel in door. Die motivatie gaf me
echter wel de duw in de rug die ik nodig had
om überhaupt dit pad op te gaan en te durven.
Nu kan ik zeggen: "Doe het voor jezelf zodat je
zelf beter en gezonder in het leven staat en niet
zo afhankelijk bent van de ander." Dat is zelfs
Bijbels en een must, maar zo heb ik het lang
niet kunnen zien.

Zoektocht

Ik heb me telkens verbaasd over de opmerkingen
die God me gaf. Soms waren ze bemoedigend en
positief soms ook vermanend, bijvoorbeeld: "Je
hebt geen respect voor jezelf." Maar altijd waren
het opmerkingen die liefdevol waren, waar ik
lang over na moest denken en veel in Zijn Woord
moest onderzoeken voordat ik echt begreep wat
Hij ermee bedoelde. Soms duurde het jaren om
te snappen wat God met me voor had.

In dit proces heeft God me ook een tijd in de eenzaamheid van mijn eigen huis gezet, waar ik ruim anderhalf jaar weinig mensen zag. Ik was zo teleurgesteld in de kerk en in mensen, in mijn huwelijk en in mezelf, dat ik het niet meer kon opbrengen om, zoals ik was, met anderen om te gaan. Ik was depressief en alle dagen waren moeizaam, al liet ik dit aan de buitenkant niet echt zien.

Ik zie dat God dit gebruikt heeft, zodat ik me aan Hem zou vastklampen en Hem zoeken voor antwoorden. Ik had veel vragen over het geloof waar ik in de kerk geen antwoorden op kreeg. Veel dingen die ik las, klopten niet met wat ik in de kerk hoorde en ik zag ook dat het vaak niet werkte zoals er gepredikt werd. Ik ervoer geen leven binnen in mij. Zeker geen 'overvloedig leven' waar in de Bijbel sprake van is. In mijn hart vond ik in de kerk niet het leven waar Gods woord over spreekt.

Ik wilde 'waarheid'. Als Hij de Weg, de Waarheid en het Leven is, hoe ziet dit er dan uit? Wat is dat dan? Waarom zie ik het niet in de kerk en om me heen? Waarom ervaar ik het niet in mijn eigen leven? Wat begrijp ik niet van dit alles? Waarom is er zoveel strijd onder christenen en zijn er zoveel denominaties en waarom zijn we niet 'geheel anders' zodat de wereld jaloers op ons is?

Ik bad: "Als U Waarheid bent, openbaar mij dan DIE waarheid." Dus aan mijn keukentafel al struinend op 'YouTube' met deze vragen, is

God tot me gaan spreken. Niet in een hoorbare stem maar ik merkte dat mijn hart opsprong en er vleugjes vreugde door me heen schoten als ik iets hoorde. "Ja," dacht ik dan, "dit klinkt veel logischer. Volgens mij klopt dit beter!" (zie achter in het boek voor aanwijzingen).

Het is lastig te vertellen hoe je merkt dat iets wat je ziet, hoort of leest waarheid is. Maar iets rees op van binnen wat me blij en enthousiast maakte. Er zat voor mij altijd een groot verschil tussen de diensten op zondag en wat ik zelf las en ervoer vanuit de Bijbel. Ik kon het niet altijd rijmen. Maar tijdens dit onderwijs kwamen er gelijk allerlei teksten in mijn hoofd die bevestigden wat ik nu hoorde.

Hierdoor ben ik gaan begrijpen wat de tekst betekent: "De vreugde des Heren is mijn kracht." Wat heb ik met deze tekst geworsteld. Ik voelde me altijd een Jakob bij de Jabbok, die worstelde met God totdat hij gezegend werd. Nu begon ik iets van Zijn zegen vanuit Zijn woord te ervaren.

Ik was diep ontroerd toen ik een man hoorde vertellen hoe en wanneer hij de originele NAAM van God (JeHoVaH - יהוה) had ontdekt uit hele oude geschriften. Ik moest zo huilen dat God mij aan de keukentafel Zijn naam ook bekend wilde maken. Wonderlijk!

Ik zocht waarheid, echtheid en heelwording. Ik vind het zeer speciaal dat ik aan de keukentafel samen met de Heilige Geest vele ontdekkingen hierin heb mogen doen! Lang leve internet waardoor we alle informatie zo in onze woonkamers kunnen ontvangen.

No pain, no gain!

Door de pijn heen heb ik vaak hele bijzondere dingen kunnen ervaren met God die ik anders niet had beleefd. Ik heb Hem op een manier leren kennen die anders nooit had kunnen gebeuren. Dit proces heeft ook een deel van mijn karakter blootgelegd dat ik anders nooit als positief had ervaren. Namelijk, dat ik me niet bij dingen neer kan leggen die niet goed lopen, maar door ga totdat ze opgelost zijn of tot ik begrijp wat er aan de hand is. Dat ik voor heel ga en niet voor half. Ook voor heel worden in geest, ziel en lichaam. Dat ik me niet volledig lam heb laten leggen, al leek het er soms wel even op. Ik bleef zoeken naar antwoorden en oplossingen, en naar Gods doel en plan met mijn leven. Naar wat Hij me probeert duidelijk te maken. Maar mijn grootste cadeau hierin is wel, dat ik vooral de Vader steeds beter hebt leren kennen. Wie Hij is en wie hij voor mij wil zijn. Ik heb mijn uniekheid hierin leren kennen en ik leer Hem ook op een unieke manier kennen. Zoals de Vader en ik elkaar kennen is uniek voor Hem en mij en zo zal een ieder een eigen manier hebben om met de Vader in verbinding te zijn. Ik hoorde een keer iemand vertellen, die een 'hemel ervaring' had gehad, dat hij verrast was over hoe iedereen een unieke band en relatie met God had die alleen voor die persoon kon zijn. Zoals God van jou houdt, zo houdt Hij van niemand anders. Ik was hier enorm door geraakt!

Wat ik niet begreep is, dat als God ALLES in Zijn hand heeft, waarom liep het leven dan zo? Waarom gebeurt er dan zoveel ellende? Wat wil Hij hiermee aan mij vertellen? Wat begrijpen wij niet? Waarom moest Job anders zo lijden in de Bijbel? Zodat satan even zijn gang mocht gaan? Of was het om te laten ZIEN dat God een plan heeft, dat wij niet zien noch begrijpen totdat we een relatie met Hem aangaan en Hem de ruimte geven om ons te laten zien waarom het ons overkomt en hoe Hij het wil gebruiken voor ons welzijn. Om van te leren. Te leren wie Hij is en wie wij mogen worden als we Hem in ons laten werken?

Ik leerde begrijpen dat alles zijn oorzaak en gevolg heeft. Dat mijn gedrag ook iets bij de ander uitlokt. Als kind kun je er niets aan doen wat je overkomt. Maar door gebeurtenissen in het verleden nam ik wel beslissingen over hoe ik daarop ging reageren. Ik heb bewust soms keuzes gemaakt die niet goed voor me waren en die ook gevolgen hadden voor andere mensen. Beschadigde mensen beschadigen anderen. Dat begon ik ook te ontdekken al deed ik mijn uiterste best om dit juist te voorkomen. Maar ik had een gekleurde bril op en dat moest ik onderkennen! God wil aan ons laten zien wie Hij is, wie je zelf bent en hoe uniek de relatie is die Hij met je heeft. Iedereen in de bijbel heeft een andere beleving en ervaring met God en dit geeft juist Zijn veelkleurigheid weer. Iedereen heeft ook een speciale taak en taal waarin hij of zij dingen begrijpt. Ik begin te zien, voelen en ervaren dat God echt een unieke relatie heeft met een ieder van ons en dat we daarom elkaar zo mooi zouden kunnen aanvullen en een facet van Hem aan elkaar kunnen openbaren.

Zonder de botsing binnen ons gezin was ik de haptotherapie nooit ingegaan, denk ik, en was ik niet nog intensiever God gaan zoeken. Dus was de pijn uiteindelijk winst. Was de breuk in ons gezin nodig geweest om mij in te laten zien dat ik mezelf teveel wegcijferde en dat ik daar juist niet de ander mee hielp en ook mezelf niet.

Ik wil een wandelende getuigenis zijn van de grootheid van God, zoals een Abraham en een David bijvoorbeeld. Ondanks hun gebreken en tekortkomingen waren ze Gods geliefde kinderen! Hoe? Door hun fouten en tekorten te erkennen en te bekennen. Door vergeving te vragen en deze vergeving ook weer te geven aan hen die hun hebben gekwetst. Door 'genade' te hebben voor de ander.

Wat is genade? Opbouwende gedachten en woorden uitspreken en denken. Bemoedigen. De ander eren! Je eigen tekorten zien en erkennen, is genade hebben voor jezelf! Wat heb ik met dit woord geworsteld! Wat is nu eren? Eren levert rechten op en verklaart onschuld. Het bevrijdt je van je wonden. Je accepteert en waardeert de ander ondanks alles. Door genade (eren) te zaaien zet je de zegeningen van God vrij! Je geeft het recht op de 'oordeel' terug aan God en jij trekt je terug hiervan. Je wordt vriendelijker en zachtmoediger in plaats van jezelf alsmaar te verdedigen. Je kunt transparant en open zijn, want de ander bekijk je met vergevingsgezinde ogen. Door Gods Geest krijg je hier de kracht en de wijsheid voor. Dit gaat echt niet over een nacht ijs en het is een hele worsteling maar het zet mij vrij, vrij van de ander en vrij van schuld. Het goed en kwaad denken wordt steeds minder.

Als God echt is, moet dat zichtbaar zijn in mijn alledaagse leven. Ik wil echt zijn en niet een na-aper. Ik wil graag dat anderen zichzelf in mijn verhaal kunnen herkennen en weten dat God er ook voor hen is en wil zijn. Maar dat het een prijs heeft en niet makkelijk is. De opbrengst is het echter dubbel en dwars waard, alleen weet je dat niet als je eraan begint. Het is een risico dat je met God moet durven nemen. Je moet God echt durven vertrouwen. Dit gaat stapje voor stapje en Hij laat je dan zien dat Hij echt totaal betrouwbaar is!

Gaandeweg heeft Hij zich vertrouwenswaardig laten zien aan me, waardoor ik meer en meer Hem ook ging vertrouwen. Het geloof is gratis, maar tegelijkertijd kost het je alles. Ik werd op de proef gesteld, denk ik, zodat zichtbaar zou worden waar ik van gemaakt ben. Is het goud waard of niet? Wil ik schuldig blijven en schuld blijven communiceren naar de ander? Of durf ik te geloven dat ik echt vrij KAN zijn ook in mijn reacties naar de ander. Dat ik 'nee' mag zeggen en dat ik mag zeggen "dat vind ik niet leuk" of "niet prettig". Ik begin te zien dat God me aan het slijpen is en uiteindelijk Zijn belofte ook waarmaakt die Hij tien jaar geleden aan me gedaan heeft: "Ik laat je zien wie je ben vanuit Mijn gezichtsveld. Ik zal het doen!" Deze belofte heeft Hij gehouden!

Leven

Ik begin nu te leven in plaats van te overleven. Mijn geest, ziel en lichaam worden weer een en langzamerhand leer ik om te genieten van mensen en het leven in plaats van alleen maar bang te zijn en van daaruit te reageren! Ik leer ook respect te hebben voor mezelf; grenzen aan te geven, maar vooral: vertrouwen te krijgen in mezelf. Het gaat nog met vallen en opstaan maar ik val steeds minder!

God heeft beloofd dat de 'Zon van Zijn gerechtigheid' over me zal opgaan en dat gebeurt nu ook. Wat Hij belooft zal Hij doen! Als wij ons aan Zijn 'torah' (Zijn Woord) vast houden.

Dankzij het geven van Jezus' leven, is de prijs betaald, voor eens en voorgoed voor al mijn zonden en de zonden die mij aangedaan waren. Ik heb vergeven en ben vergeven. De straf die ik verdiende is betaald. Ik zondig nog steeds maar Hij tikt me dan op de schouders en ik ren naar Hem toe voor vergeving. Ik word dan ook vergeven!

Ik heb dit allemaal niet zonder Hem kunnen doen!

Deuteronomium 30 vers 19-20:

...het leven en de dood heb ik u voorgehouden, de zegen en de vloek! Kies dan het leven, opdat u leeft, u en uw nageslacht, door YHVH, uw God, lief te hebben, Zijn stem te gehoorzamen en u aan Hem vast te houden – want Hij is uw leven en de verlenging van uw dagen – om te blijven in het land dat YHVH uw vaderen, (Abraham, Izak en Jakob), gezworen heeft hun te geven.

De afgelopen 10 jaar zie ik nu als een bijzondere wandeling door mijn leven heen, die nu als een verhaal uitgepakt is. De verwarring is weg. De schaamte is verbroken. De zelfhaat en respectloosheid naar mezelf wordt met de dag minder. Ik kan nu de pijn en het verdriet die diep van binnen verborgen zaten omhelzen en die zelfs gebruiken om heel te worden in geest, ziel en lichaam, zoals mijn dooptekst al aangaf.

Ik voel me soms zelfs die prinses uit Ezechiël 16. Bekroond met alle moois wat God me tot nu toe al gegeven heeft. Er ligt een blije en gezonde weg voor me open waarin ik voor altijd Zijn Naam, YeHoVaH, zal groot maken en verkondigen.

We hebben een geweldige Hemelse Vader die ongelooflijk veel van ons houdt en alles voor ons over heeft! Wat geven we aan Hem? Wat hebben we voor Hem over? Ik geef hem mijn getuigenis als dank en mijn leven is nu van Hem. Hij mag beslissen hoe mijn toekomst eruit zal gaan zien.

Lof en dank

Ik ben diep onder de indruk van een God die zoveel geduld, liefde, zorg en passie heeft, voor mij. Ik stroop graag de mouwen op en ga aan de slag, maar God leert me aan Zijn voeten te zitten en in Zijn tempo te werken. Daardoor lijken het kleine stappen, maar met groot resultaat. Ik leer door dit alles heen wie Hij is en wat Zijn wil is.

Hij is teder, zachtmoedig, geduldig, respectvol, zorgzaam, liefdevol, bewogen, genadig, Hij troost, bemoedigd, onderwijst, (vermaant, berispt, wijst terecht en hoedt mijn in zijn liefde). Hij is ongelooflijk en onbeschrijflijk!

Ik zie voor het eerst het leven recht in de ogen. Makkelijk is het nog niet om de pijn aan te gaan maar ik weet, met een zeker weten wat diep van binnen zit en niet geroofd kan worden, dat God vóór mij is. Hij heeft Zijn trouw en liefde echt aan mij bewezen. Zijn liefde faalt nooit.
    Wat   een   MACHTIGE,   LIEFDEVOLLE, ALMACHTIGE GOD dienen wij!

Jesaja 43 vers 1:

Welnu, dit zegt de HEER, die jou schiep, die jou vormde. Wees niet bang, want Ik zal je vrijkopen, Ik heb je bij je naam geroepen, je bent van Mij!

Hooglied 8 vers 1:

Wie trekt daar op uit de woestijn, leunend op haar geliefde? Ik was een muur en mijn borsten waren als torens. Toen werd ik in Zijn ogen als een, die overgave aanbiedt!

Dit ben ik en word ik meer en meer.

Ik ben de Vader zo dankbaar voor Zijn trouw en liefde, geduld en uithoudingsvermogen.

Hij is het waard om alle LOF en EER te ontvangen. Aan Hem heb ik alle genezing en herstel te danken!!

Wilt u reageren op dit verhaal, dan kunt u mij een e-mail sturen: rejected.afgewezen@gmail.com.

Het Krachtigste gebed op aarde

Peter Horrobin

Elia Media

Luisterend bidden

Leanne Payne

Voorhoeve, Kampen

Intiem

Linda Dillow & Lorraine Pintus

Medema

Van beproeving tot herlijkheid

Bob Sorge

Kongdon ministies

Geheimen van het heiligdom

Bob Sorge

Kingdom Ministries

Met Open Handen

Henri Nouwen

Lannoo

Binnen Geroepen

Henri Nouwen

Lannoo

Ik heb veel aan you tube filmpjes gehad van Michael Rood o.a de "Jona code" en anderen. Keith Johnson en Nehemia Gordon zijn heel inspiterend geweest in mijn zoektocht naar "waarheid". Hiernaast heb ik veel gehad aan de DVD van Derck Prince "Toverij/Manipulatie".